# START! 첫걸음

# 스마트폰 기초
## 단계별 정복하기

# 이 책의 특징

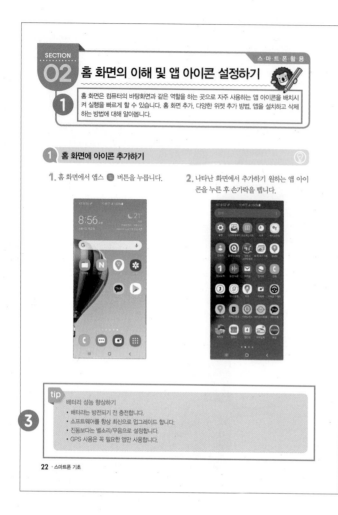

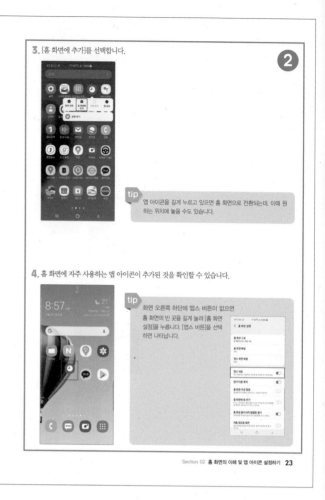

## ① 섹션 설명

해당 단원에서 배울 내용에 대한 전체적인 개념을 짚어줌으로써 단원에 대한 이해도를 증진시키도록 합니다.

## ② 따라하기

본문 내용을 하나씩 따라해 가면서 실습하다 보면 자연스럽게 관련 기능을 이해하여 활용할 수 있도록 하였습니다.

## ③ Tip

실습을 따라하는 과정에서 알아두면 도움이 되는 내용 및 저자만이 가지고 있는 다양한 노하우를 제공합니다.

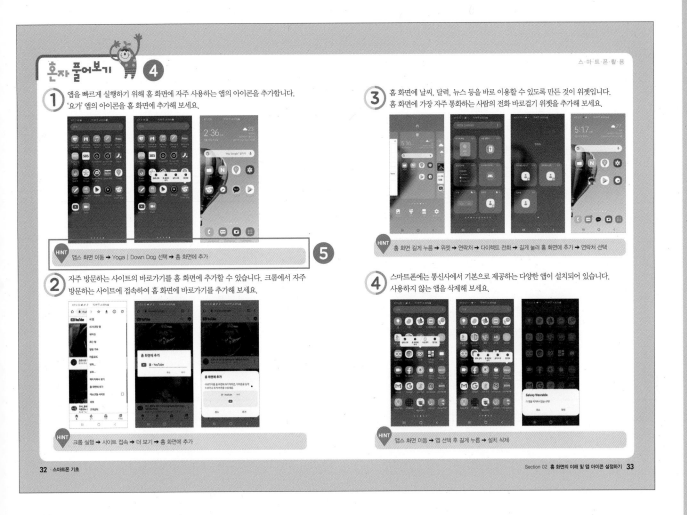

## 혼자 풀어보기 ④

**①** 앱을 빠르게 실행하기 위해 홈 화면에 자주 사용하는 앱의 아이콘을 추가합니다. '요가' 앱의 아이콘을 홈 화면에 추가해 보세요.

> HINT 앱스 화면 이동 ➡ Yoga | Down Dog 선택 ➡ 홈 화면에 추가

**②** 자주 방문하는 사이트의 바로가기를 홈 화면에 추가할 수 있습니다. 크롬에서 자주 방문하는 사이트에 접속하여 홈 화면에 바로가기를 추가해 보세요.

> HINT 크롬 실행 ➡ 사이트 접속 ➡ 더 보기 ➡ 홈 화면에 추가

**③** 홈 화면에 날씨, 달력, 뉴스 등을 바로 이용할 수 있도록 만든 것이 위젯입니다. 홈 화면에 가장 자주 통화하는 사람의 전화 바로걸기 위젯을 추가해 보세요.

> HINT 홈 화면 길게 누름 ➡ 위젯 ➡ 연락처 ➡ 다이렉트 전화 ➡ 길게 눌러 홈 화면에 추가 ➡ 연락처 선택

**④** 스마트폰에는 통신사에서 기본으로 제공하는 다양한 앱이 설치되어 있습니다. 사용하지 않는 앱을 삭제해 보세요.

> HINT 앱스 화면 이동 ➡ 앱 선택 후 길게 누름 ➡ 설치 삭제

## ④ 혼자 풀어보기

본문에서 배운 내용을 다양한 예제를 통하여 실습하면서 확실하게 익힐 수 있도록 실습 문제를 담았습니다.

## ⑤ Hint

혼자 풀어볼 때 노움을 줄 수 있는 핵심 내용을 제공합니다.

# 스마트폰 환경 설정하기

다양한 설정 옵션을 이용하면 스마트폰을 나에게 맞춤 설정할 수 있습니다. 상단 알림창 설정, 통신에 필요한 와이파이(Wi-Fi) 설정, 홈 화면의 배경 사진 변경, 보안을 위한 화면 잠금을 설정하는 방법에 대해 알아봅니다.

## 1  알림창

새 메시지나 부재중 전화 등의 알림이 있을 때 화면 상단의 상태 표시줄에 나타나는 메시지입니다. 상태 표시줄에 새로운 상태 아이콘이 표시되면 알림창을 열어 내용을 확인할 수 있습니다. 방법은 화면 상단을 아래로 드래그해 알림창을 엽니다. 알림창을 닫으려면 화면을 위로 드래그합니다.

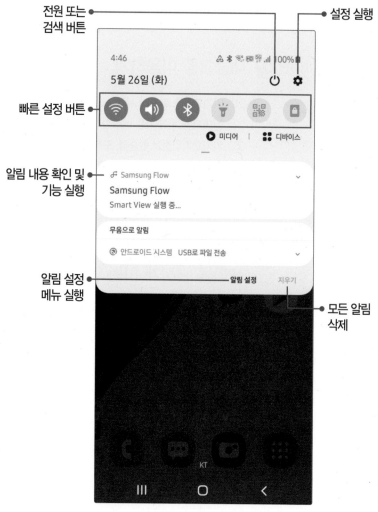

와이파이(Wi-Fi)는 무선 공유기가 설치된 곳에서 공유기에 연결하여 인터넷을 사용할 수 있는 기능입니다. 와이파이에 연결하면 데이터 사용 없이(무료) 인터넷을 이용할 수 있습니다.

**1.** 화면 상단을 아래로 드래그하면 알림창에서 현재 Wi-Fi 접속 여부를 확인할 수 있습니다. 아이콘을 꾹 누르고 있으면 현재 접속한 네트워크나 사용 가능한 네트워크를 확인할 수 있습니다.

▲ 와이파이 접속 중

▲ 와이파이 사용 안함

**2.** 왼쪽 안테나 모양에서 신호 강도를 확인할 수 있습니다. 연결하고 싶은 네트워크를 선택합니다.

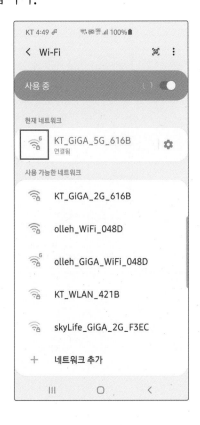

**3.** 선택한 와이파이가 폐쇄형일 경우 비밀번호를 입력해야 연결할 수 있습니다. 비번을 입력하고 [연결]을 누릅니다.

**4.** 접속 가능한 와이파이가 개방형인지 폐쇄형인지는 아이콘 모양으로 알 수 있습니다.

▲ 개방형 와이파이 아이콘        ▲ 폐쇄형 와이파이 아이콘

**5.** 통신사에서 가입자들에게 제공하는 와이파이는 무료로 이용할 수 있으며, 요즘은 공공 와이파이를 제공하는 버스 또는 공공기관들이 증가하고 있습니다.

▲ 버스 공공 와이파이

**tip** 연결한 적이 있는 Wi-Fi 네트워크의 경우 비밀번호 입력 없이 자동으로 연결됩니다. 해당 Wi-Fi에 자동으로 연결되지 않도록 하려면 목록에서 해당 Wi-Fi 옆의 설정 아이콘을 누른 후 지우기를 선택합니다. 또는 '자동으로 다시 연결 설정'을 해제합니다.

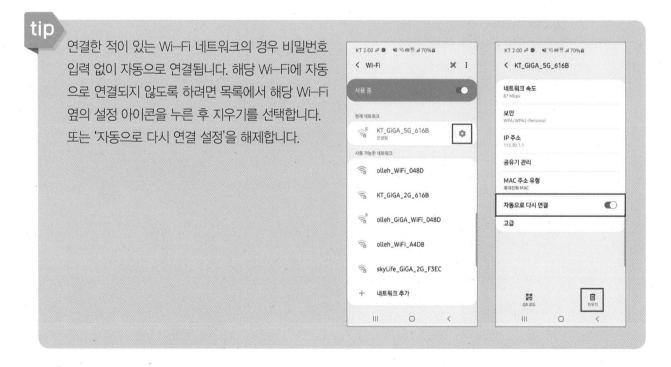

## 3 화면 밝기 변경하기

화면 밝기를 자신에 맞게 설정할 수 있습니다. 밝기 최적화는 사용자가 밝기를 조절했던 환경을 기억하여 환경에 따라 밝기를 자동으로 설정합니다.

**1.** ⊞ 앱스 버튼을 눌러 앱스 화면으로 이동합니다. [설정]을 누릅니다.

**2.** 설정 화면에서 [디스플레이]를 누릅니다.

> **tip**
> 특정 스마트폰에서는 화면 하단에서 위쪽으로 드래그하여 앱스 화면으로 이동할 수 있습니다.

> 앱스 버튼이 없을 경우 홈 화면의 빈 곳을 길게 눌러 [홈 화면 설정]을 선택한 후 앱스 버튼을 선택하면 나타납니다.

**3.** 조절 바를 드래그하여 밝기를 설정합니다. 눈의 피로를 줄이기 위해 블루라이트 필터를 적용해 보겠습니다.

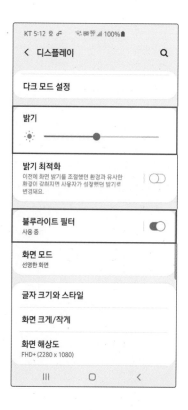

> **tip**
> 블루라이트는 우리 눈에 보이는 빛으로, 가시광선 중 약 380~500nm의 짧은 파장을 가진 빛입니다. 빛의 파장이 짧을수록 그 세기는 커지는데, 이 때문에 눈에 악영향을 준다고 의심을 받았습니다. 하지만 최근 국제학술지 '네이처'지에 블루라이트가 눈 건강에 무해하다는 연구결과가 발표됐습니다.
> 눈 건강에 관한 블루라이트의 위험성은 정확하지 않지만, 수면을 유도하는 생체 호르몬인 '멜라토닌'의 분비를 억제합니다. 따라서 취침 전 스마트폰 사용을 줄이는 것이 숙면에 도움을 줍니다.

**4.** 필터 강도를 조절하여 화면의 블루라이트를 조정할 수 있습니다.

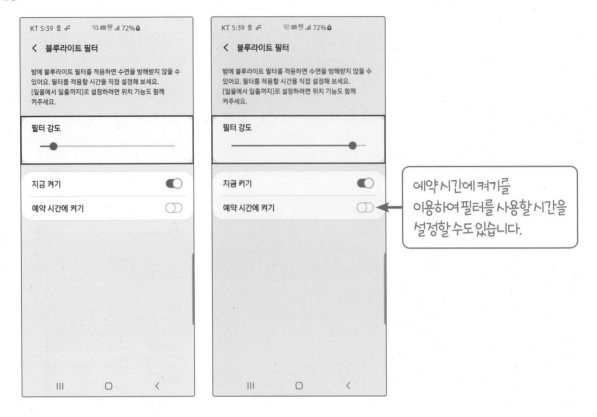

예약 시간에 켜기를 이용하여 필터를 사용할 시간을 설정할 수도 있습니다.

---

**4** 글자 크기 변경하기

화면에 표시되는 글자 크기와 스타일(글자 모양)을 변경할 수 있습니다.

**1.** [글자 크기와 스타일]을 누릅니다.

**tip** 다양한 스타일의 글꼴을 다운로드
하여 설치할 수 있습니다.

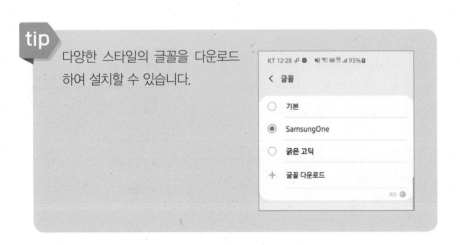

**2.** 하단의 글자 크기 조절 바를 이용하여 미리보기에 표시되는 적당한 크기를 지정합니다.

글꼴에서 원하는 스타일의
글꼴로 변경할 수도 있습니다.

**3.** 문자 메시지를 보는 중에 글자 크기를 크게 하고 싶다면 화면을 두 손가락으로 오므리거나 펼쳐서 글자 크기를 조절할 수 있습니다.

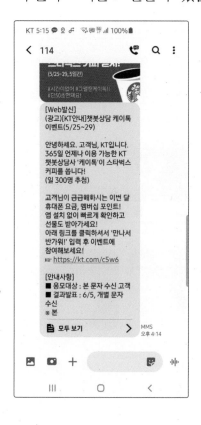

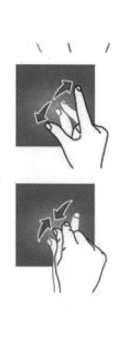

**1.** [설정]에서 [배경화면]을 누릅니다. 또는 홈 화면의 빈 공간을 눌러 표시되는 화면에서 [배경화면]을 선택합니다.

> 특정 스마트폰에서는 [배경화면 및 테마]로 나오기도 합니다.

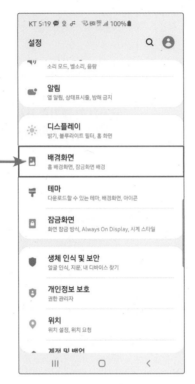

홈 화면 빈 공간에서
길게 터치

**2.** 직접 촬영했거나, 전송받은 사진을 배경으로 지정하려면 [갤러리]를 선택합니다.

**3.** 사진이 저장된 폴더를 선택합니다. 갤러리에는 사용하는 앱에 따라 다양한 폴더가 만들어져 있습니다.

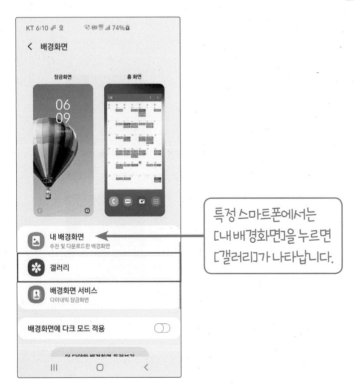

> 특정 스마트폰에서는 [내배경화면]을 누르면 [갤러리]가 나타납니다.

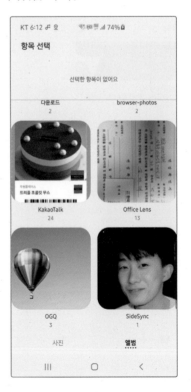

**4.** 원하는 사진을 선택합니다.

**5.** 홈 화면, 잠금화면 중 선택하여 배경화면으로 설정할 수 있습니다. [홈 화면]을 선택합니다.

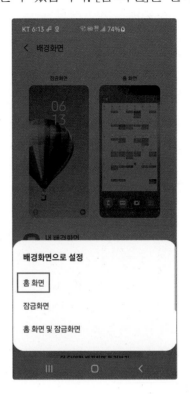

**6.** 홈 화면 배경이 변경된 것을 미리보기에서 확인할 수 있습니다. [홈 화면에 설정]을 누릅니다.

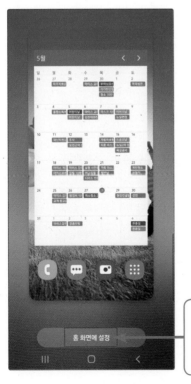

특정 스마트폰에서는 [배경 화면으로 설정] 으로 나타납니다.

**7.** 홈 화면이 변경되었습니다.

## 6 화면 잠금 설정하기(패턴)

스마트폰에는 개인정보를 보호하기 위한 다양한 잠금 기능이 있습니다. 패턴 잠금은 점들을 서로 연결해 일정한 패턴을 만들어 휴대폰을 잠그는 기능입니다.

**1.** 앱스에서 [설정]을 누릅니다. 설정 항목 중에서 [잠금화면]을 누릅니다.

**tip**

**화면 잠금 설정이 없을 경우**

스마트폰을 분실했을 경우 다른 사람이 내 휴대폰을 사용하거나 사진, 카톡 등의 중요한 데이터를 보거나, 삭제할 수 있습니다. 번거롭더라도 화면 잠금을 설정하세요. 최악의 경우 '내 기기 찾기'를 사용해 휴대전화를 원격으로 초기화할 수 있습니다.

**2.** [화면 잠금 방식]을 누릅니다. 다양한 방법의 잠금 방식을 제공합니다. 최근 출시된 스마트폰의 경우 얼굴, 지문 등의 생체 인식을 사용할 수도 있습니다. 패턴을 선택합니다.

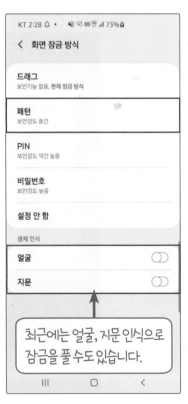

최근에는 얼굴, 지문 인식으로 잠금을 풀 수도 있습니다.

**3.** 잠금해제 패턴을 그린 다음 [계속]을 누릅니다. 설정한 패턴을 꼭 기억해야 합니다.

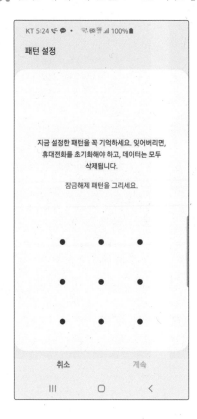
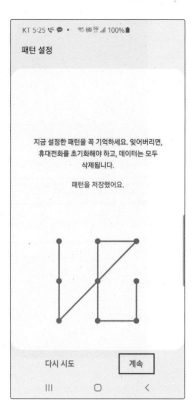

**4.** 패턴이 생각나지 않을 때 참고할 힌트를 입력합니다. 패턴 암호를 힌트에 사용하지 않도록 주의해야 합니다. 힌트를 입력한 다음 [확인]을 누릅니다.

**tip** **설정했던 잠금 설정을 잊었을 경우**

2016년 8월 이후 출시된 삼성 갤럭시 모델일 경우 패턴, PIN, 비밀번호, 지문, 홍채 등을 분실한 경우 서비스센터로 방문하여 휴대폰 전체 초기화를 진행해야 합니다(초기화 시 연락처, 사진, 동영상, 문서, 어플 등 모든 데이터가 삭제됩니다).

단, ❶ 잠금상태에서도 스마트폰이 네트워크가 가능한 상태이고, ❷ 삼성 계정이 등록되어 있고, ❸ 원격 잠금해제가 ON 상태인 경우 웹사이트에서 삼성 계정에 접속하여 잠금해제를 할 수도 있습니다.

**5.** 화면에 잠금 기능이 설정되었습니다. 이후부터는 지정한 패턴을 그려야 홈 화면을 열 수 있습니다.

**tip** 패턴으로 사용하면 안 좋은 예

# 7 화면 잠금 설정하기(지문)

**1.** 지문을 이용해 빠르고 간편하게 잠금을 해제하고 본인 인증을 할 수 있습니다. 등록한 지문은 송금 및 카드 사용 시에도 사용할 수 있습니다. 화면 잠금 방식에서 지문을 선택하고 [계속]을 누릅니다.

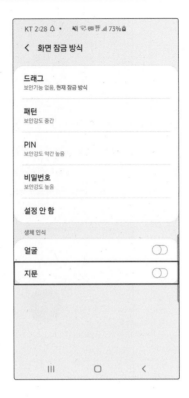

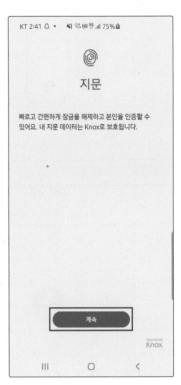

**2.** 지문을 등록하기 전에 앞쪽에 했던 패턴, PIN, 비밀번호 중 하나로 화면 보안 잠금을 설정해 주어야 합니다.

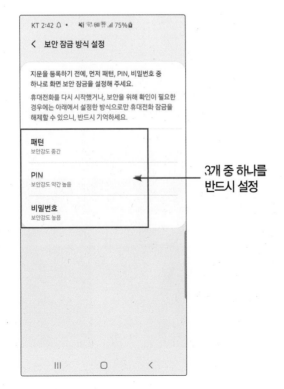

3개 중 하나를 반드시 설정

**3.** 지문 등록 시 주의사항이 표시됩니다. 화면에 보호 필름이 부착된 경우 지문 센서를 사용할 수 있는지 확인해야 합니다.

**4.** 지문을 등록합니다. 센서에 손가락을 올린 후 손가락을 돌려가며 스캔합니다.

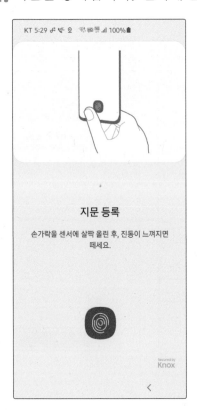 

**5.** 지문 등록이 완료되면 이후부터는 지문 센서에 등록한 손가락을 스캔하면 홈 화면을 열 수 있습니다. 사용하는 기종에 따라 지문센서가 본체 뒤쪽에 있는 제품도 있습니다.

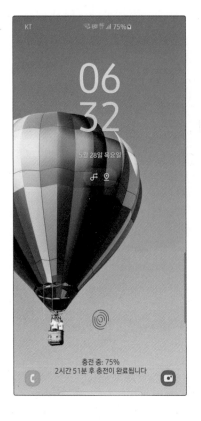

tip **지문 인식 센서가 뒷면에 있는 스마트폰**

tip

## 얼굴 인식으로 잠금 해제

스마트폰 전면 카메라를 이용해 얼굴 인식으로 간편하게 잠금을 해제할 수도 있습니다. 하지만 얼굴 인식은 다른 잠금 방식과 비교하면 보안 기능이 낮습니다. 비슷하게 생긴 사람이나 내 사진을 가진 사람이 잠금을 해제할 수도 있습니다. 마스크로 얼굴을 가리고 있는 경우도 인식되지 않을 수 있습니다.

tip

### Q. 방수폰을 들고 목욕도 가능한가요?

A. 정답은 X입니다. 시중의 방수폰은 생활방수 정도의 기능을 제공합니다. 뜨거운 물 온도와 욕실의 습도는 방수가 가능해도 스마트폰에게 치명적입니다. 1.5m 이내의 깊이에서 방수가 가능하다고 하지만 센 수압을 맞거나 순수한 물이 아니라면 바로 침수 피해를 입을 수 있습니다.

- 방수폰 제조사는 침수에 대해 보상을 하지 않고 있습니다.
- 방수의 조건이 까다로우므로 섣부른 실험은 금지합니다.
- 방수폰은 방수팩/케이스의 보조수단으로 생각하면 됩니다.

# 혼자 풀어보기

**①** 알림창을 열어 빠른 설정 버튼을 이용하여 스마트폰의 소리를 [소리-진동-무음] 순으로 변경해 보세요.

**HINT** 알림창 ➜ 스피커 아이콘

**②** 일반 성인의 스마트폰 사용 시간은 하루 평균 2.8시간이라고 합니다. 사용 시간이 길어짐에 따라 안구건조증 환자도 7년 전과 비교했을 때 24% 증가했다고 합니다. 눈의 피로를 줄이기 위해 휴대폰에는 블루라이트 필터 기능이 있습니다. 블루라이트 필터를 예약 시간에 켜기로 직접 설정해 보세요.

**HINT** 설정 ➜ 디스플레이 ➜ 블루라이트 필터 ➜ 예약 시간에 켜기 ➜ 직접 설정

**③** 갤러리에 저장되어 있는 사진을 이용하여 잠금 화면의 배경을 변경해 보세요.

**HINT** 설정 ➜ 배경화면 ➜ 갤러리 ➜
사진 선택 ➜ 완료 ➜ 잠금화면 선택

**④** 스마트폰에서는 다양한 화면 잠금 방식을 제공합니다. PIN(Personal Identification Number)은 비밀번호와 유사하게 본인을 확인하기 위한 식별 수단으로 이용됩니다. PIN은 비밀번호에 비해 안전하지 않지만 편의성에서는 우수합니다. 화면 잠금 방식에 PIN을 설정해 보세요. 주의 패턴, PIN, 비밀번호는 반드시 기억해야 합니다. 잊을 경우 스마트폰을 초기화할 수도 있습니다.

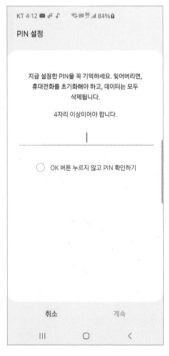

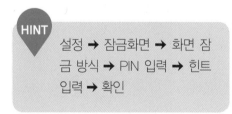
**HINT** 설정 ➜ 잠금화면 ➜ 화면 잠금 방식 ➜ PIN 입력 ➜ 힌트 입력 ➜ 확인

# 홈 화면의 이해 및 앱 아이콘 설정하기

홈 화면은 컴퓨터의 바탕화면과 같은 역할을 하는 곳으로 자주 사용하는 앱 아이콘을 배치시켜 실행을 빠르게 할 수 있습니다. 홈 화면 추가, 다양한 위젯 추가 방법, 앱을 설치하고 삭제하는 방법에 대해 알아봅니다.

## 1 홈 화면에 아이콘 추가하기

**1.** 홈 화면에서 앱스 ⊞ 버튼을 누릅니다.

**2.** 나타난 화면에서 추가하기 원하는 앱 아이콘을 누른 후 손가락을 뗍니다.

---

**tip** 배터리 성능 향상하기

- 배터리는 방전되기 전 충전합니다.
- 소프트웨어를 항상 최신으로 업그레이드 합니다.
- 진동보다는 벨소리/무음으로 설정합니다.
- GPS 사용은 꼭 필요한 앱만 사용합니다.

**3.** [홈 화면에 추가]를 선택합니다.

**tip**
앱 아이콘을 길게 누르고 있으면 홈 화면으로 전환되는데, 이때 원하는 위치에 놓을 수도 있습니다.

**4.** 홈 화면에 자주 사용하는 앱 아이콘이 추가된 것을 확인할 수 있습니다.

**tip**
**화면 오른쪽 하단에 앱스 버튼이 없으면**
홈 화면의 빈 곳을 길게 눌러 [홈 화면 설정]을 누릅니다. [앱스 버튼]을 선택하면 나타납니다.

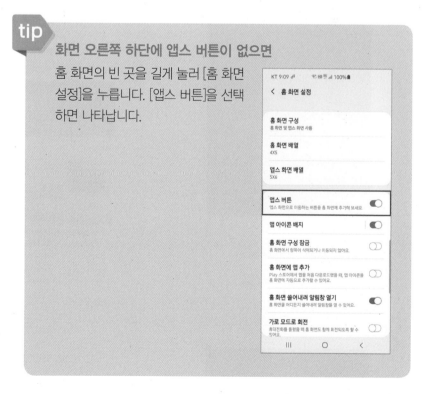

**1.** 자주 방문하는 사이트의 바로가기를 홈 화면에 추가할 수 있습니다. 구글 크롬에서 등록하기 원하는 사이트에 접속합니다. 오른쪽 상단에 세로로 점 3개가 있는 ⋮ 부분을 누릅니다.

**2.** [홈 화면에 추가]를 선택합니다.

**3.** 홈 화면에 추가하려면 아이콘을 길게 누르거나 [추가]를 누릅니다.

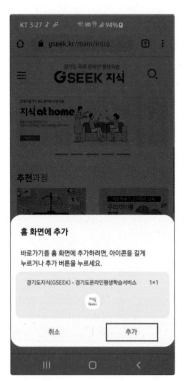

**tip**

⋮ 가 안 나타나는 특정 스마트폰에서는 우측 하단의 목록 단추를 눌러 [현재 페이지 추가]를 누르면 됩니다.

**1.** 홈 화면은 자주 사용하는 앱을 빠르게 실행하기 위해 아이콘을 배치하는 공간입니다.

**2.** 홈 화면을 추가하기 위해 화면의 빈 곳을 길게 눌러주면 홈 화면 설정 상태가 됩니다.

현재 사용하고 있는
홈 화면의 개수

**3.** 화면 마지막에 +(추가)를 눌러 홈 화면을 추가할 수 있습니다.

**4.** 홈 화면을 삭제할 경우도 홈 화면 설정 상태에서 삭제하려는 홈 화면 상단의 휴지통 아이콘을 누릅니다.

**5.** 홈 화면 삭제 확인 대화상자가 표시됩니다. [삭제]를 누릅니다.

**tip**

런처(launcher)

스마트폰이 생활의 필수품으로 자리 잡으면서 자신의 개성이나 취향에 따라 홈화면, 아이콘 구성 등을 꾸밀 때 사용하는 앱입니다.

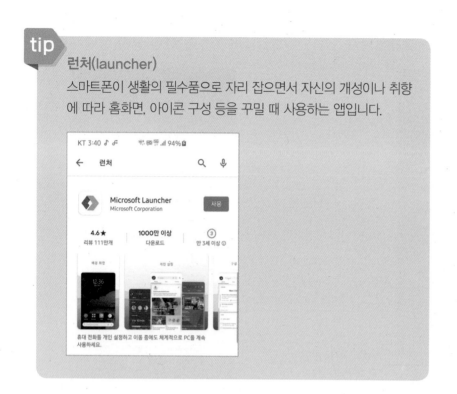

## 4 홈 화면에 위젯 추가하기

**1.** 홈 화면에서 빈 공간을 길게 누릅니다. 홈 화면 설정 상태가 되면 [위젯]을 선택합니다.

**2.** 홈 화면에 표시되는 위젯의 크기를 선택합니다.

위젯 선택 —

**3.** 위젯을 길게 누르고 있으면 홈 화면에 위젯이 표시됩니다.

**4.** 위젯의 크기를 조정할 수 있는 경우 측면에 점으로 된 윤곽선이 표시됩니다. 위젯의 크기, 위치를 지정하고 위젯 바깥부분을 누릅니다.

위젯 크기 조정

**tip**

**위젯**

위젯(widget)의 사전적 의미는 '소형 장치' 또는 '부품'입니다. PC, 휴대폰 등에서 웹브라우저를 통하지 않고 날씨, 달력, 뉴스 등을 바로 이용할 수 있도록 만든 도구모음입니다. 위젯을 설치하면 홈 화면에서 필요한 정보를 바로 확인할 수 있습니다.

Google Play 스토어를 사용하면 즐겨찾는 앱, 게임, 영화, TV 프로그램 등을 설치하여 다양한 정보를 즐길 수 있습니다.

**1.** Play 스토어 앱을 열려면 홈 화면에서 [Play 스토어]를 누릅니다.

**2.** 필요한 앱, 게임을 상단 검색창에 입력합니다. 여기서는 '요가'를 입력해 보겠습니다.

검색어 입력

**3.** 검색 결과에서 사용자 리뷰(별점), 다운로드 횟수 등을 확인하고 [설치]를 누릅니다. 설치가 완료되면 [열기]를 눌러 앱을 사용합니다.

**tip**

**요가 앱**

효과적인 운동을 도와주는 피트니스 앱 중 하나입니다. 배경음악과 화면을 통해 생생하게 요가 강사의 모습까지 보면서 수업을 직접 듣는 것 같은 경험을 할 수 있습니다. 자신의 실력, 시간 등에 따라 맞춤형으로 요가 커리큘럼을 받을 수 있습니다.

**4.** 이전에 Play 스토어에서 다운로드하거나 구매한 콘텐츠는 다른 기기에서도 확인, 설치할 수 있습니다. 왼쪽 상단 메뉴를 누릅니다. [내 앱/게임]을 선택합니다.

**5.** 현재 업데이트 항목을 확인합니다. [라이브러리] 탭에서 예전에 다른 기기에서 설치했던 앱을 확인할 수 있습니다.

라이브러리에서
재설치 또는 삭제

1. 사용하지 않는 앱을 삭제하려면 해당 앱 아이콘을 길게 누릅니다. 표시되는 메뉴에서 [설치 삭제]를 누릅니다.

2. 삭제 확인 대화상자가 표시되면 [확인]을 누릅니다.

3. 홈 화면에 설치된 앱 중에서 실수로 눌러 삭제될 수가 있습니다 (아이들의 조작 실수 등). 이럴 때 중요한 앱이 삭제되면 낭패를 볼 수 있습니다. 이걸 방지하려면 홈 화면을 길게 눌러 나타난 화면에서 [홈 화면 설정]을 누릅니다.

**4.** 홈 화면 설정 화면에서 [홈 화면 구성 잠금]을 선택합니다.

**5.** 이후부터는 홈 화면에서 앱을 누르고 있어도 설치 삭제가 활성화되지 않습니다. 주머니에서 실수로 눌러지는 일도 없습니다.

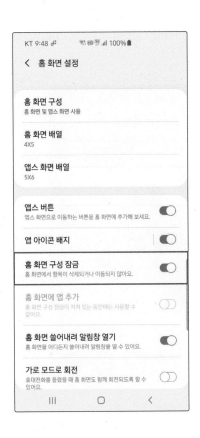

비활성화

tip

**스마트폰 분실 예방법**

스마트폰으로 인해 스마트 워크라는 단어가 생길 정도로 스마트폰은 금융거래, 인터넷, 쇼핑, 게임, 메일 등 생활 전반에 활용되는 필수품이 되었습니다. 하지만 부주의한 관리로 분실했을 경우 많은 데이터와 인증서, 개인정보 등이 노출될 수 있습니다.

1. 잠금 설정은 기본
2. IMEI(국제단말기식별번호) 확인하기 : 스마트폰 고유의 기기번호로 모든 단말기에 부여됩니다. 이 번호를 알고 있으면 기기의 도난 및 분실 시 해당 기기의 유통을 제지할 수 있습니다. 확인하는 방법은 키패드에서 '*#06#'을 입력하면 확인할 수 있습니다.
3. 분실신고 + 발신정지 : 도난당한 스마트폰을 되찾기는 쉽지 않습니다. 하지만 단말기에 있는 개인정보로 인해 2차 피해가 발생할 수 있으므로 빠른 조치가 필요합니다. 스마트폰 분실을 인지하였다면 즉시 각 통신사 고객센터에 연락하여 분실신고와 발신 정지 서비스를 신청합니다.
4. 금융정보 폐기 및 SNS 접속 해제 : 스마트폰에 보안이 걸려 있더라도 중요한 금융정보가 그대로 남아있다면 악용될 소지가 있습니다. 각종 페이서비스(카카오페이, 삼성페이 등), 모바일 카드 서비스를 해지하고, 인터넷 은행 공인인증센터에 접속하여 인증서를 폐기하고 재발급 받는 것이 안전합니다.

# 혼자 풀어보기

**①** 앱을 빠르게 실행하기 위해 홈 화면에 자주 사용하는 앱의 아이콘을 추가합니다. '요가' 앱의 아이콘을 홈 화면에 추가해 보세요.

**HINT** 앱스 화면 이동 ➜ Yoga | Down Dog 선택 ➜ 홈 화면에 추가

**②** 자주 방문하는 사이트의 바로가기를 홈 화면에 추가할 수 있습니다. 크롬에서 자주 방문하는 사이트에 접속하여 홈 화면에 바로가기를 추가해 보세요.

**HINT** 크롬 실행 ➜ 사이트 접속 ➜ 더 보기 ➜ 홈 화면에 추가

③ 홈 화면에 날씨, 달력, 뉴스 등을 바로 이용할 수 있도록 만든 것이 위젯입니다. 홈 화면에 가장 자주 통화하는 사람의 전화 바로걸기 위젯을 추가해 보세요.

**HINT**
홈 화면 길게 누름 ➡ 위젯 ➡ 연락처 ➡ 다이렉트 전화 ➡ 길게 눌러 홈 화면에 추가 ➡ 연락처 선택

④ 스마트폰에는 통신사에서 기본으로 제공하는 다양한 앱이 설치되어 있습니다. 사용하지 않는 앱을 삭제해 보세요.

**HINT**
앱스 화면 이동 ➡ 앱 선택 후 길게 누름 ➡ 설치 삭제

# 전화하기와 연락처 관리하기

스·마·트·폰·활·용

스마트폰의 가장 기본적인 기능은 통화입니다. 통화 중 녹음, 스피커폰 등 다양한 기능을 활용하는 방법, 전화 거절 메시지를 보내는 법, 연락처를 관리하고 그룹으로 설정하는 방법, 스팸 전화를 차단하는 방법에 대해 알아봅니다.

## 1 음성통화 하기

**1.** 즐겨찾기 앱 하단에서 ⓒ 전화 아이콘을 클릭합니다.

**2.** 키패드에서 전화번호를 입력합니다. 통화를 눌러 음성통화를 하거나, 카메라를 눌러 영상통화를 할 수 있습니다.

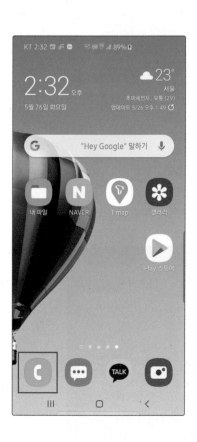

영상 통화    음성 통화

**3.** 또는 최근 기록이나 연락처에서 전화번호를 오른쪽으로 드래그하면 바로 전화를 걸 수 있습니다.

**tip**

이 기능이 꺼져 있을 경우 [설정-유용한 기능-모션 및 제스처]를 선택한 후 '밀어서 전화 또는 메시지 발신'의 기능을 활성화하면 됩니다.

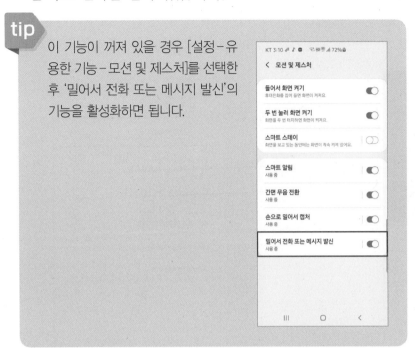

## 2 전화 받기와 거절 메시지 보내기

**1.** 전화가 오면 📞 눌러 나타나는 바깥 원의 가장자리로 드래그합니다. 또는 제품에 따라 음량 올리기 버튼을 눌러 전화를 받을 수도 있습니다.

**2.** 전화를 거절하려면 📞 눌러 바깥 원의 가장자리로 드래그합니다. 메시지로 전화를 거절하려면 화면 하단의 메시지 보내기를 위쪽으로 드래그합니다.

— 전화 거절 메시지

**3.** 전송할 메시지를 선택합니다. 리마인더 추가가 활성화되어 있으면 한 시간 뒤에 수신 거절 내용을 알려주도록 자동으로 저장됩니다.

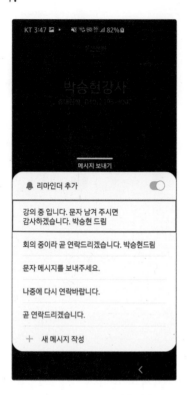

**4.** 수신 거절 메시지에 원하는 내용을 작성하려면  전화 앱을 실행한 후 ⋮을 눌러 나타난 메뉴에서 [설정 – 전화 거절 메시지]를 선택하여 내용을 입력하고 [+]를 누릅니다.

---

**③ 통화 중 기능 : 녹음, 스피커 폰, 내 소리 차단**

음성 통화 화면에서 다양한 메뉴를 이용할 수 있습니다.

**1.** **녹음** : 통화 내용을 녹음합니다. 녹음한 파일은 [내 파일 → 내장 메모리 → Call 폴더]에 저장됩니다.

**2. 스피커** : 휴대폰과 한 뼘 정도 떨어진 상태에서도 통화할 수 있도록 설정합니다. 설정 시 수화 음량이 커지므로 제품을 귀에 가까이 대고 사용하지 마세요.

**3. 내 소리 차단** : 마이크를 사용하지 않도록 하여 상대방이 내 소리를 들을 수 없도록 설정합니다.

**4. 키패드/숨기기** : 키패드를 표시하거나 숨깁니다.

[숨기기]를 누르면 키패드가 사라지고, 통화 화면으로 전환됩니다.

**tip**

**통화 녹음 파일 듣기**

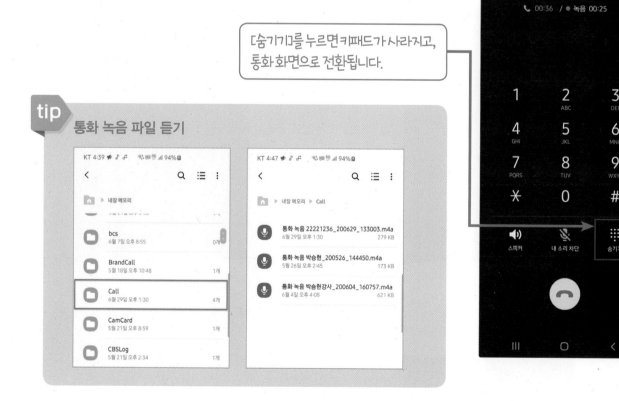

**1.** 방금 전화했던 전화번호를 등록하려면 전화 앱을 실행하고 하단에서 [최근기록]을 선택합니다. 원하는 연락처를 누른 후 [연락처에 추가]를 누릅니다.

tip

**주소록을 백업할 수 있는 앱**

**T연락처 - 주소록 실시간 백업, 114 검색**
SKTelecom

**주소록**
Google LLC

**네이버 주소록 & 다이얼 - Naver Contacts**
NAVER Corp.

**2.** [새 연락처 등록]을 선택합니다.

**3.** 작업을 수행할 때 사용하는 애플리케이션 선택 화면이 표시되면 '새 연락처에 추가'를 선택하고 '항상'을 누릅니다.

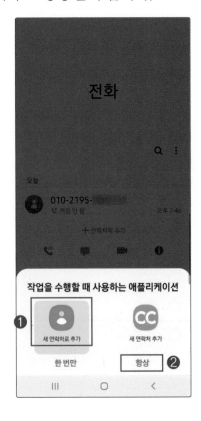

**4.** 연락처를 저장할 위치를 선택합니다. 일반적으로 휴대전화를 기본 저장 위치로 설정합니다. 클라우드에 저장하고 싶을 경우 삼성 계정이나 Google을 선택합니다.

**5.** 이름, 전화번호, 이메일 주소 등 필요한 정보를 입력하고, [저장]을 누릅니다.

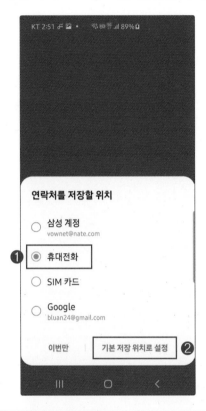

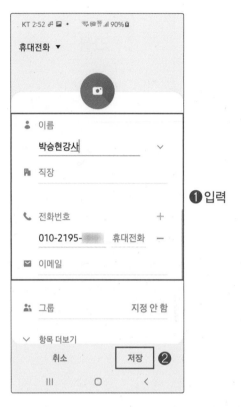

---

## 5 그룹 추가하기

**1.** 가족, 친구 등의 그룹을 추가해 연락처를 분류할 수 있습니다. 연락처를 실행 후 [그룹]을 선택합니다.

> **tip**
>
> **단체 문자 보내기**
> 그룹으로 지정된 연락처는 최대 25~30명까지 빠르게 문자 메시지를 전송할 수 있습니다.

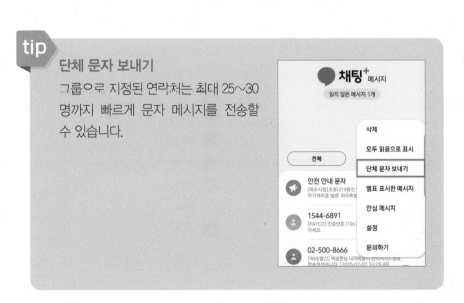

**2.** 새로운 그룹을 만들기 위해 [추가]를 누릅니다.

**3.** 그룹 이름을 입력합니다. 가족을 그룹으로 지정해 보겠습니다.

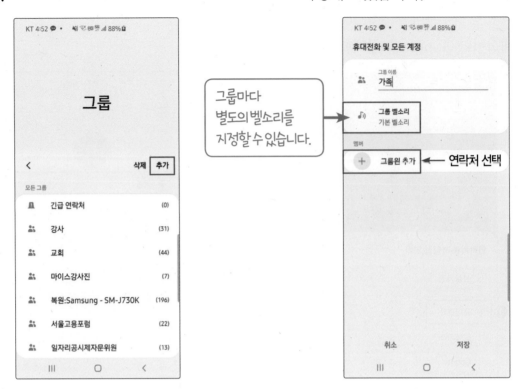

그룹마다 별도의 벨소리를 지정할 수 있습니다.

**4.** 그룹원 추가를 눌러 그룹에 추가할 연락처를 선택한 후 [완료]를 누릅니다.

**5.** [저장]을 누릅니다. 가족이 그룹으로 지정된 것을 확인할 수 있습니다.

# 6 전화번호 차단하기

스팸 문자, 광고 등 특정 전화번호를 차단 목록에 추가하여 수신을 차단할 수 있습니다.

**1.** 스팸 문자 메시지를 선택하여 [수신 차단]을 선택합니다. 최근기록 중 번호를 선택하여 [차단]을 선택할 수도 있습니다.

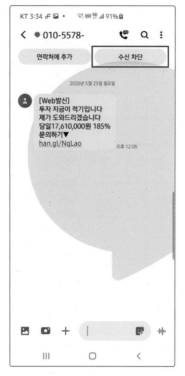

▲ 받은 문자 메시지　　　　　　▲ 최근 통화 기록

**2.** 수신 차단 대화상자에서 등록된 번호의 전화 및 메시지를 다시는 받지 않겠다는 내용이 표시됩니다. [차단]을 누릅니다.

**3.** 실수로 수신 차단에 번호가 등록된 경우 메시지 앱 상단에서 ⋮ 버튼을 눌러 [설정]을 선택합니다.

**4.** [번호 및 메시지 차단 - 수신 차단]을 선택합니다.

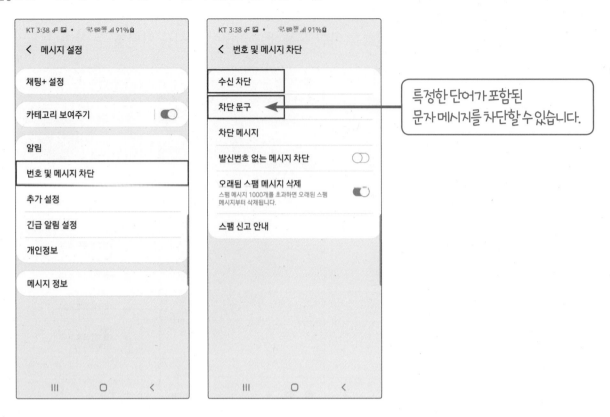

특정한 단어가 포함된
문자 메시지를 차단할 수 있습니다.

**5.** 수신 차단 번호를 확인할 수 있습니다. 수신 차단된 번호를 해제하려면 [-]을 눌러 해제합니다.

**1.** 단축 번호를 설정해 전화를 빠르게 걸 수 있습니다. 전화 앱 **C** 을 실행해 키패드에서 설정하려는 번호를 길게 눌러 줍니다. 지정된 연락처가 없다면 [지정]을 선택합니다.

**2.** 연락처 선택에서 단축번호를 지정할 사람을 검색한 후 선택합니다.

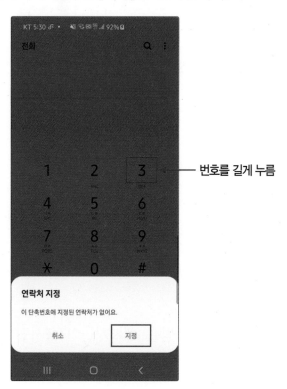

번호를 길게 누름

**3.** 전화를 걸려면 키패드에서 해당 단축 번호를 길게 누릅니다. 단축 번호가 10번 이상인 경우에는 앞자리 숫자는 짧게, 끝자리 숫자는 길게 누릅니다. 현재 단축번호로 지정된 목록을 확인하려면 키패드 화면에서 오른쪽 상단의 ⋮ 을 누른 후 [단축번호]를 선택합니다.

**4.** 단축번호가 지정된 연락처를 확인할 수 있습니다. 단축번호를 삭제하려면 [−]를 누릅니다.

지정된 단축번호 →

## 8 메시지 보내기

**1.** 메시지를 작성하여 발송하거나, 주고받은 메시지를 대화 화면에서 확인할 수 있습니다. 메시지 를 누릅니다.

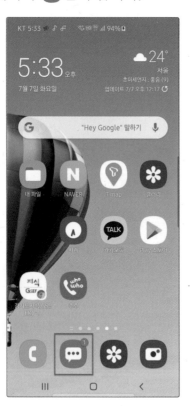

**2.** 주고받은 메시지들이 표시됩니다. 메시지 보내기를 누릅니다.

**3.** 수신인과 메시지 내용을 입력합니다. 전송을 눌러 발송합니다.

**4.** 음성으로 입력하는 내용을 문자로 보낼 수도 있습니다. 마이크 아이콘을 누릅니다.

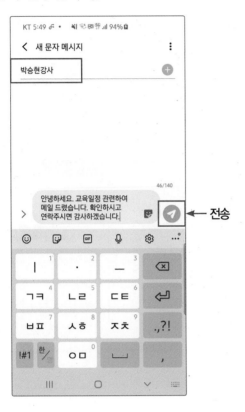

← 전송

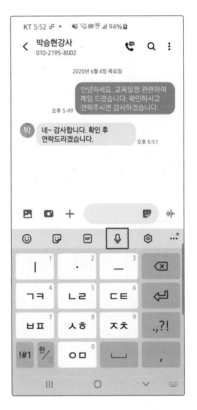

**5.** 키패드 조작이 느린 사용자에게 유용한 기능입니다. 또박또박 말할 경우 인식률이 높아집니다.

**tip**

스마트폰의 기종에 따라 음성 입력 마이크가 다르게 표시됩니다.

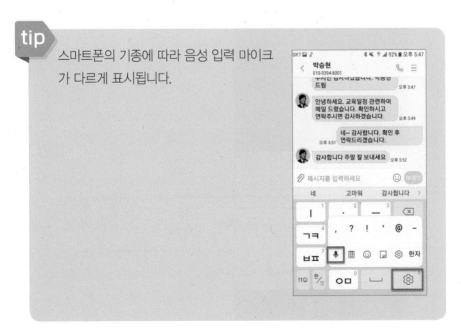

## 9 후후로 스팸 차단하기

1. 후후는 발신자 정보를 제공해 주는 서비스로 스팸전화, 보이스피싱 등과 같은 악성 전화번호를 즉시 확인하고 차단하는 기능이 있습니다. 플레이 스토어에서 '후후'를 찾아 설치합니다.

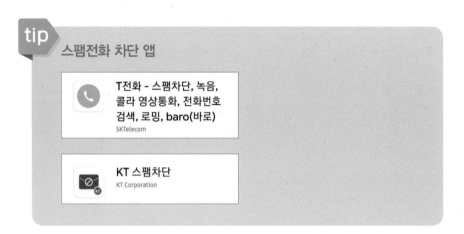

tip
**스팸전화 차단 앱**

T전화 - 스팸차단, 녹음, 콜라 영상통화, 전화번호 검색, 로밍, baro(바로)
SKTelecom

KT 스팸차단
KT Corporation

2. 앱 접근권한 안내제거 주소록, 저장공간에 대한 권한을 지정합니다. 후후 앱을 기본 전화 앱으로 설정할 수도 있습니다. 여기서는 스마트폰 기본 전화 앱을 그대로 사용하겠습니다.

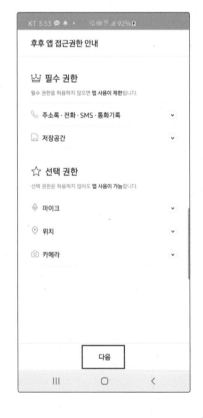

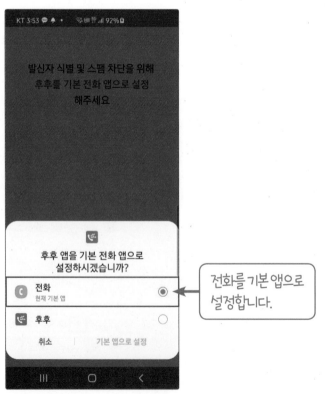

전화를 기본 앱으로 설정합니다.

**3.** 서비스 이용을 위한 약관 동의 및 계정을 등록해야 합니다. 계정은 나중에 등록해도 서비스는 이용할 수 있습니다.

**4.** 최근 통화기록, 연락처 등을 확인할 수 있습니다. [검색] 탭에서 업종, 장소, 전화번호 검색이 가능합니다. 위치설정을 할 경우 거리순에 따라 검색결과를 볼 수 있습니다.

**5.** 왼쪽 상단 더 보기 ☰ 를 누릅니다. 설정에서 [차단관리]를 선택합니다.

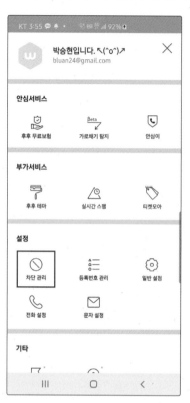

**6.** 실시간 스팸 차단, 악성 스팸 차단을 할 수 있습니다. 스팸 신고가 급증하는 전화를 자동으로 차단합니다. 연락처에 등록된 번호는 차단 제외됩니다.

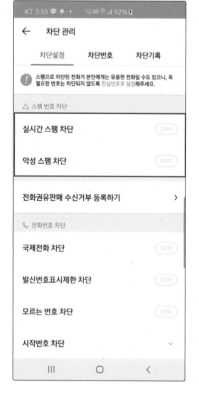
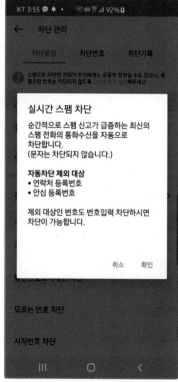

## 스미싱이란?

문자 메시지(SMS)와 피싱(Phishing)의 합성어로, ① '무료쿠폰 제공', '돌잔치 초대장', '모바일 청첩장' 등을 내용으로 하는 문자 메시지와 함께 표시되는 인터넷 주소를 클릭하면 악성코드가 스마트폰에 설치되어 피해자가 모르는 사이에 소액결제 피해가 발생하거나 개인·금융정보가 탈취되는 인터넷 사기입니다.

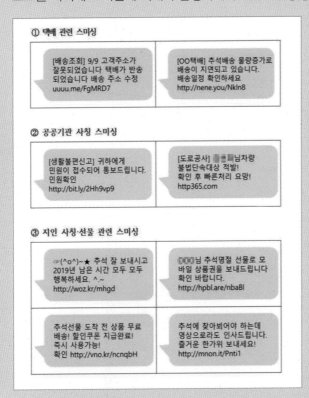

## 피해를 예방하려면?

❶ 출처가 확인되지 않은 문자 메시지의 인터넷 주소 클릭 금지

**※ 지인에게서 온 문자 메시지라도 인터넷 주소가 포함된 경우 클릭 전에 전화 확인**

❷ 미확인 앱이 함부로 설치되지 않도록 스마트폰의 보안설정 강화

❸ 이통사 고객센터에 전화하거나 이통사 인터넷 홈페이지를 이용하여 소액결제를 원천적으로 차단하거나 결제금액 제한

**※ 자신의 스마트폰으로 114를 눌러 상담원과 통화해서 소액결제 차단 가능**

❹ 스마트폰용 백신프로그램을 설치하고 주기적으로 업데이트

❺ T스토어·올레마켓·LGU+앱스토어 등 공인된 오픈마켓을 통해 앱 설치

❻ 보안강화·업데이트 명목으로 금융정보를 요구하는 경우 절대 입력 금지

## 대처요령

1. **피해구제** : 경찰서(신고전화 112)에 스미싱 피해 내용을 신고하여 '사건사고 사실확인원'을 발급받아 이동통신사, 게임사, 결제대행사 등 관련 사업자에 제출

2. **악성파일 삭제** : 스마트폰 내 '다운로드' 앱을 실행해 문자를 클릭한 시점 이후로 다운로드 된 apk 파일을 찾아 삭제

# 혼자 풀어보기

**①** 전화 수신 거절 메시지에 '교육 중이라 전화를 받을 수 없습니다. 연락드리겠습니다.' 라는 메시지를 추가해 보세요.

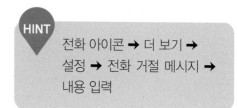

**HINT** 전화 아이콘 ➡ 더 보기 ➡ 설정 ➡ 전화 거절 메시지 ➡ 내용 입력

**②** 연락처에서 자신의 집 전화번호 또는 회사 전화번호를 추가해 보세요.

**HINT** 전화 아이콘 ➡ 연락처 ➡ 이름 선택 ➡ 편집 ➡ 내용 추가 ➡ 저장

**③** 연락처를 그룹으로 분류해 놓으면 동시에 문자 메시지 등을 보낼 때 수월합니다. 친구 또는 직장 동료 그룹을 추가해 보세요.

 연락처 ➜ 그룹 ➜ 추가 ➜ 그룹 이름 입력 ➜ 그룹원 추가 ➜ 저장

**④** 빠른 전화걸기를 위해 단축번호를 지정할 수 있습니다. 친구 중 한 명을 단축번호로 지정해 보세요.

**HINT** 전화 아이콘 ➜ 키패드 ➜ 더 보기 ➜ 단축번호 ➜ 번호 지정 ➜ 이름 입력

# SECTION 04 카메라 활용하기

상황에 맞는 다양한 모드를 적용하여 사진 및 동영상을 촬영할 수 있습니다. 최적의 사진 촬영을 위한 촬영구도 가이드 설정 방법, 사진에 위치 태그를 설정하는 법, 촬영한 여러 장의 사진을 한 장으로 편집하거나, 사진을 클라우드에 저장하는 방법에 대해 알아봅니다.

## 1 촬영하기

**1.** 카메라 앱을 실행하거나 전원 버튼을 빠르게 두 번 눌러 카메라를 실행합니다.

**2.** 촬영할 대상을 앞에 두고 초점 맞출 부분을 누릅니다. 두 손가락을 누른 상태에서 펴거나 오므려 줌 기능을 사용할 수 있습니다. [촬영] 버튼을 누릅니다.

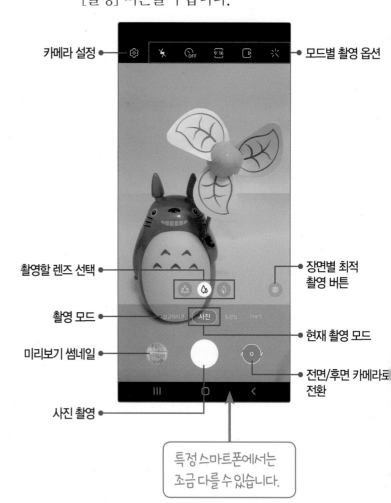

카메라 설정

모드별 촬영 옵션

촬영할 렌즈 선택

장면별 최적 촬영 버튼

촬영 모드

현재 촬영 모드

미리보기 썸네일

전면/후면 카메라로 전환

사진 촬영

특정 스마트폰에서는 조금 다를 수 있습니다.

**3.** 촬영 시 촬영할 렌즈를 선택할 수 있습니다. 초광각, 망원 렌즈로 다양한 화각을 촬영할 수 있습니다. 초광각 렌즈는 눈으로 보는 것과 같이 넓은 화각의 사진을 촬영할 수 있습니다. 망원 렌즈를 이용하면 멀리 있는 피사체를 확대하여 촬영할 수 있습니다.

초광각 렌즈 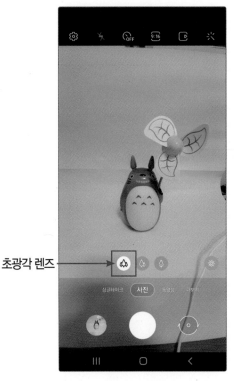  망원 렌즈

▲ 초광각 렌즈　　　　　　　▲ 망원 렌즈

**4.** 촬영 환경에 따라 카메라가 자동으로 촬영 옵션을 조절하여 손쉽게 촬영할 수 있습니다. 카메라가 촬영 대상을 자동으로 인식해 색상을 조정하고 최적의 효과를 적용해 줍니다.

▲ 식물 인식　　　　　　　▲ 음식 인식

**5.** 카메라가 피사체의 위치와 각도를 인식해 최적의 구도를 추천해 줍니다. 촬영 화면에서 ⚙ 를 눌러 [촬영구도 가이드]의 기능을 활성화합니다.

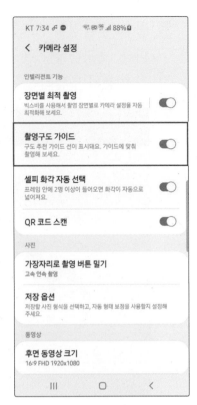

**tip** **세워(세로) 찍지 마세요!**

스마트폰으로 사진을 찍을 때 세워 찍으면 추후 편집 작업 등에 애로사항이 생길 수 있습니다. 세워서 촬영할 경우 양쪽이 잘려 검은 여백이 표시됩니다. 특히 동영상을 찍을 때는 더욱 주의해야 합니다. 수직 피사체는 긴 느낌을 주기 위해 세로로 촬영하는 것이 좋지만, 수평 피사체라면 가로로 눕혀서 촬영하는 것이 좋습니다.

**6.** 촬영 화면에 촬영 구도 가이드가 나타납니다. 구도가 맞춰지면 가이드가 노란색으로 바뀝니다. [촬영] 버튼을 누릅니다.

구도가 일치될 때 촬영합니다.

**7.** 촬영 옵션을 조절하여 동영상을 촬영할 수 있습니다. 촬영 모드에서 동영상을 선택한 후 [촬영] 버튼을 누릅니다. 촬영을 종료하려면 [종료]를 누릅니다.

**8.** 외부 환경에 따라 플래시 사용여부를 설정할 수 있습니다. 플래시를 사용할 경우 피사체 중앙 부분에 빛이 집중되어 주위가 컴컴해질 수 있습니다.

**tip**

**파노라마 촬영**

넓은 풍경이나 고층 빌딩 등을 한 장의 긴 파노라마 사진으로 촬영할 수 있습니다. 화면의 화살표나 가이드에 따라 한 방향으로 움직여야 합니다.

**tip**

**촬영 에티켓**

• 타인의 승낙 없이 함부로 사진 및 동영상을 촬영하지 마세요.
• 사진 및 동영상 촬영이 금지된 장소에서 촬영하지 마세요.
• 타인의 사생활을 침해할 수 있는 곳에서 촬영하지 마세요.

**1.** 촬영 시 위치정보(태그)를 추가하면 사진이나 동영상을 촬영한 장소를 알 수 있습니다. 촬영화면에서 ⚙ 를 눌러 [카메라 설정]을 누릅니다.

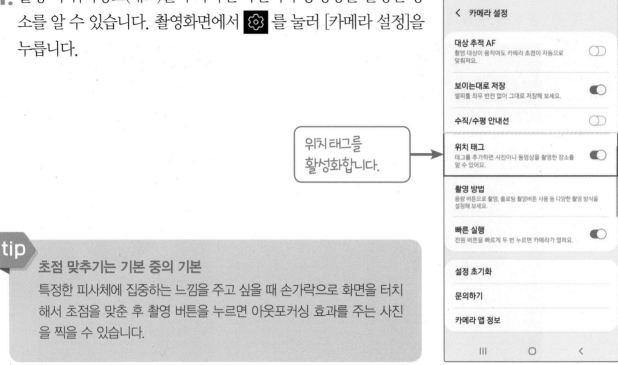

위치태그를 활성화합니다.

**tip**

**초점 맞추기는 기본 중의 기본**
특정한 피사체에 집중하는 느낌을 주고 싶을 때 손가락으로 화면을 터치해서 초점을 맞춘 후 촬영 버튼을 누르면 아웃포커싱 효과를 주는 사진을 찍을 수 있습니다.

**2.** [갤러리]에서 촬영한 사진을 선택한 후 오른쪽 상단의 [더 보기 – 상세정보]를 누릅니다.

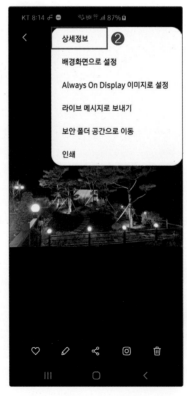

**3.** 상세정보에서 사진을 촬영한 장소를 확인할 수 있습니다.

**tip**

**손바닥 내밀기로 셀카찍기**

셀카를 찍을 때 셔터를 누르기 힘든 경우가 있습니다. 카메라를 향해 손바닥을 내밀면 자동으로 타이머가 작동된 후 촬영되도록 설정할 수 있습니다.

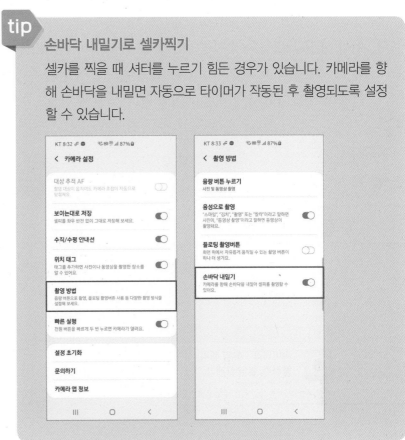

**4.** 촬영 시 안내선을 사용하면 구도 설정에 도움을 받을 수 있습니다. 카메라 설정에서 [수직/수평안내선]을 활성화시키면 촬영화면에 안내선이 나타납니다.

**1.** 여러 사진을 결합하여 사진 콜라주를 만들어 주는 앱입니다. 다양한 레이아웃과 효과를 지정해서 초보자도 쉽게 만들 수 있습니다. 플레이 스토어에서 '콜라주메이커'를 검색한 후 앱을 설치합니다.

**tip** 사진 편집 앱

**2.** 첫 화면에서 콜라주를 선택하고 편집할 사진을 선택합니다. 오른쪽 상단의 [다음 것]을 누릅니다.

편집할 사진 선택

**3.** 사진의 배열(레이아웃)을 선택하고 [완료] ✔ 를 누릅니다.

레이아웃 선택

**4.** 필터를 눌러 사진에 다양한 효과를 지정할 수 있습니다. 필터를 적용하고 [완료] ✔ 를 누릅니다.

완료

필터 적용

**5.** 지정한 효과들이 저장됩니다. 이렇게 저장한 사진을 카카오톡, 밴드 게시판 등에 공유하려면 '그 외'를 누릅니다. 그러면 다양한 앱과 공유할 수 있습니다.

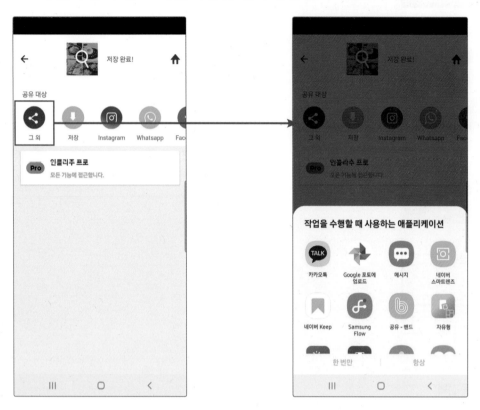

---

**4** **구글 포토로 사진 동기화하기**

**1.** 포토 앱을 사용하면 스마트폰이나 태블릿에 있는 모든 사진과 Google 포토 라이브러리에 동기화된 모든 사진을 볼 수 있습니다. 플레이 스토어에서 '구글포토' 앱을 검색한 후 설치합니다.

**2.** 오른쪽 상단에서 계정을 클릭하여 [포토 설정]을 선택합니다.

**3.** 메뉴에서 [백업 및 동기화]를 선택하면 현재·백업 중인 구글 아이디가 표시되어 있습니다. 동기화 상태, 업로드 크기를 지정할 수 있습니다. 고화질로 무제한 저장용량을 제공합니다.

**4.** 사진을 백업할 때 데이터 사용여부를 설정합니다. 와이파이에서만 백업을 하기 위해 비활성화 시킵니다.

**5.** 자동으로 저장되는 카메라 폴더 외에 백업하고 싶은 폴더를 선택할 수 있습니다. 카카오톡으로 받은 사진을 저장하고 싶다면 선택합니다.

**6.** [기기 저장용량 확보]는 구글 포토에 백업된 사진을 휴대폰에서 삭제하는 기능입니다. 최근 스마트폰은 저장용량이 넉넉하니 휴대폰의 원본 파일도 보관하는 것이 좋습니다.

**7.** 첫 화면 하단 [검색]에서 인물, 장소, 사물로 자동 분류된 사진을 확인할 수 있습니다. 특정 인물의 사진을 확인하거나, 상단 검색창에 단어를 입력하여 오래전 사진 중 원하는 사진을 찾을 수 있습니다.

**tip**

구글 포토에 백업한 사진을 다른 사람과 공유하여 필요한 사진만 다운로드 받도록 할 수 있습니다. [새 앨범] 만들기에서 공유를 누르면 앨범에 초대할 사람(공유할 사람)을 선택하거나, 링크 생성으로 앨범을 공유할 수 있습니다.

# 혼자 풀어보기

**①** 카메라는 다양하게 사진을 찍을 수 있는 방법을 제공하고 있습니다. 파노라마 모드는 넓은 범위의 장면을 한 장으로 찍을 수 있는 기능입니다. 파노라마 기능으로 촬영해 보세요.

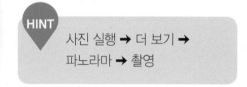

**HINT**
사진 실행 ➜ 더 보기 ➜
파노라마 ➜ 촬영

**②** 촬영 시 안내선을 사용하면 구도 설정에 많은 도움이 됩니다. [수직/수평 안내선을 활성화하여 촬영해 보세요.

**HINT**
사진 실행 ➜ 설정 ➜ 수직/수평 안내선 ➜ 촬영

셀카를 찍을 때 셔터를 누르기 곤란한 경우가 종종 있습니다. 이때는 음성 또는 손바닥 내밀기로 촬영할 수 있습니다. 음성으로 촬영을 활성화하여 "김치"로 셀카를 찍어 보세요.

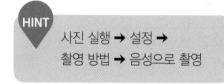

HINT
사진 실행 ➜ 설정 ➜
촬영 방법 ➜ 음성으로 촬영

 콜라주메이커는 여러 장의 사진을 다양한 배열로 한 장으로 만들어 주는 앱입니다. 콜라주메이커를 이용해 사진을 편집해 보세요.

HINT
콜라주메이커 실행 ➜ 콜라주 ➜ 사진 선택 ➜ 레이아웃 선택 ➜ 완료 ➜ 저장

스·마·트·폰·활·용

# 카카오톡으로 소통하기

카카오톡은 무료로 이용할 수 있는 채팅 앱으로 채팅은 물론 사진, 동영상, 연락처 등을 주고받을 수 있습니다. 카카오톡을 설치하여 프로필을 편집하고, 단톡방을 만들어 여러 사람들과 대화하는 방법, 카카오톡으로 간단한 선물을 보내는 방법에 대해 알아봅니다.

## 1 카카오톡 설치하기

**1.** 이미 카카오톡이 설치된 경우에는 이 부분은 건너 띄고 69쪽으로 바로 넘어가면 됩니다. 플레이 스토어에서 '카카오톡'을 검색한 후 앱을 설치합니다.

**2.** 카카오톡을 이용하기 위해서는 전화, 저장공간, 주소록 사용 권한을 허용해야 합니다. [허용하기]를 누릅니다.

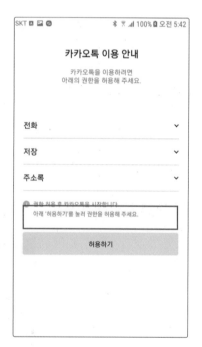

---

**tip**

**다양한 메신저 앱 – 텔레그램**

보안이 우수한 메신저입니다. 비밀대화 기능을 이용해 사진, 동영상 등을 전송할 수 있고, 메시지가 일정 시간 후 자동으로 삭제될 수 있도록 설정할 수 있습니다.

**3.** 기존에 사용하던 계정이 있다면 이
메일 또는 전화번호로 로그인 할
수 있습니다. 여기서는 [새로운 카
카오계정 만들기]를 선택합니다.
이용약관에 동의합니다.

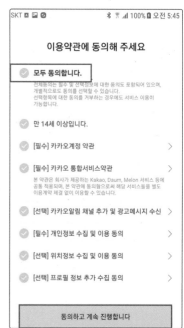

**4.** 전화번호를 입력한 후 본인 확인을
위한 인증번호를 입력합니다.

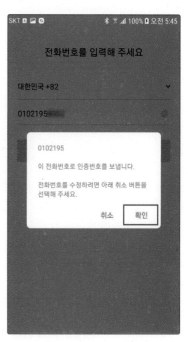

**5.** 비밀번호를 설정합니다. 이미 카
카오계정이 있을 경우 '기존 계정
으로 로그인' 합니다. 여기서는 새
로 만들 것이므로 [새로운 계정으
로 계속]을 누릅니다.

　**주의**　새로운 계정을 만들 경우 이전
정보를 불러올 수 없습니다.

**6.** 이름, 생년월일, 성별 등을 입력하고 [확인]을 누릅니다. 프로필 사진 등록에서 [기본 이미지로 설정]을 누릅니다.

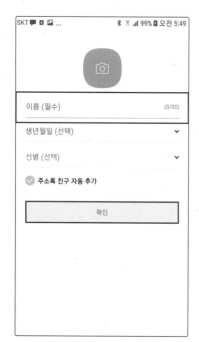 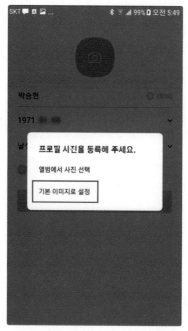

**tip**

**다양한 메신저 앱 – 라인**

국내보다 해외 사용자가 많은 메신저입니다. 무료 메시지, 영상, 음성통화 등 다양한 서비스를 제공하고 있습니다.

라인 LINE
LINE Corporation
광고 포함 • 인앱 구매

**7.** 이메일을 등록합니다. 등록한 메일 주소로 인증메일이 발송되면 숫자를 입력하여 인증합니다. 연락처에 등록된 사람들이 카카오톡 친구로 등록된 것을 확인할 수 있습니다.

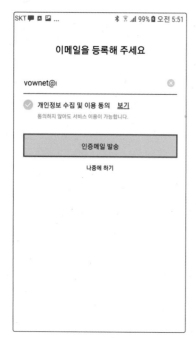 

**1.** 프로필은 상대방에게 보이는 나의 소개와 사진입니다. 프로필을 만드려면 [내 프로필 – 프로필 편집]을 누릅니다.

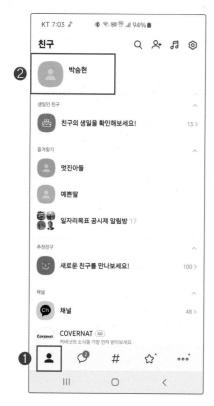

**2.** 프로필 사진을 선택하기 위해 카메라 아이콘을 누른 후 [앨범에서 사진/동영상 선택]을 누릅니다.

**3.** 갤러리에 저장된 사진 중 프로필로 등록할 사진을 선택합니다. 하단에서 사진 효과를 지정할 수 있습니다.

효과 지정

사진 자르기

**4.** 프로필 사진이 지정된 것을 확인할 수 있습니다. 상태 메시지를 입력하려면 [편집]을 누른 다음 상태 메시지를 입력하고 [확인]을 누릅니다.

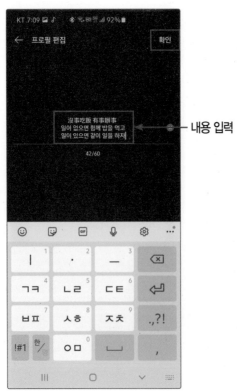

내용 입력

**5.** 배경 사진을 지정하려면 배경 부분을 길게 누른 다음 [앨범에서 사진/동영상 선택]을 누릅니다.

**6.** 갤러리에서 배경으로 지정할 사진을 선택합니다. 하단에서 사진 효과를 지정할 수 있습니다.
[확인]을 누릅니다.

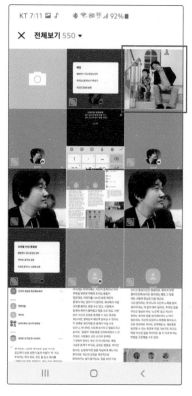
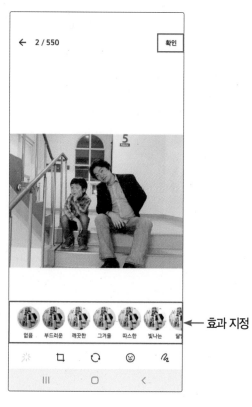

효과 지정

**7.** 배경, 프로필 사진, 상태 메시지가 설정된 것을 확인한 후 [완료]를 누릅니다.

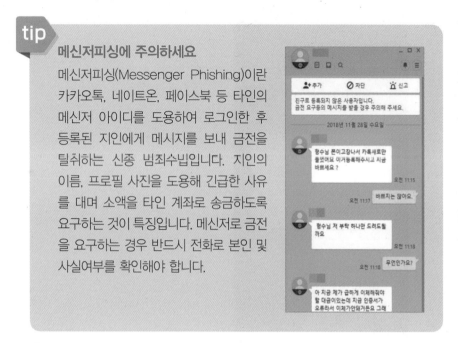

## 3 대화하기(톡하기)

**1.** 상대방을 찾으려면 연락처에서 [검색]을 누른 다음 채팅할 상대를 검색합니다.

**2.** 하단에서 [1:1채팅]을 누릅니다. 메시지 창에 내용을 입력한 후 [전송]을 누릅니다.

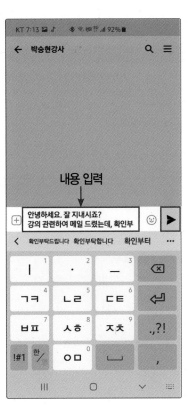

**3.** 전송 후 메시지 확인 여부는 메시지 창 앞에 표시된 '1'로 확인할 수 있습니다. '1'이 사라지면 메시지를 확인했다는 의미입니다.

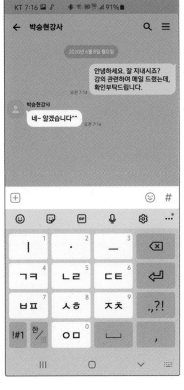

> **tip**
>
> **글자 크기 조절하는 방법**
> 카카오톡 화면 하단 우측의 [⋯]을 누르고 다시 우측 상단의 [설정] 아이콘을 누른 다음 [화면 – 글자 크기]를 선택하고 둥근 바를 좌우로 드래그하면 글자 크기를 조절할 수 있습니다.

**4.** 딱딱한 텍스트보다 재미있는 이모티콘을 전송할 수 있습니다. 메시지 창에서 [이모티콘]을 누릅니다.

 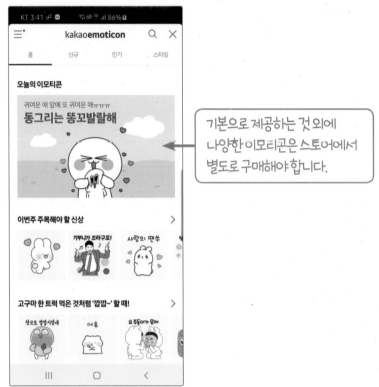

기본으로 제공하는 것 외에 다양한 이모티콘은 스토어에서 별도로 구매해야 합니다.

**5.** 채팅 중 약속 장소를 지도로 보낼 수 있습니다. 메시지 창 앞 ⊕를 누른 다음 [지도]를 누릅니다.

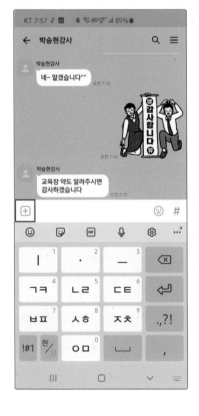 

**6.** 검색창에서 위치를 검색한 후 원하는 지도가 나오면 [위치정보 보내기]를 누릅니다. 그러면 상
대방에게 지도가 전송됩니다.

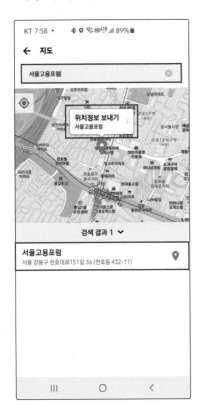

**7.** 채팅 중 사진을 첨부하여 보낼 수도 있습니다. ⊞ 를 누른 후 [앨범]을 누릅니다.

[전체]를 누르면
여러 개의 사진을 한 화면에서
확인할 수 있습니다.

**8.** 여러 장의 사진을 전송할 때는 '사진 묶어보내기'에 체크하여 전송하는 것이 좋습니다. 그러면 상대방이 사진을 다운 받을 때 한 장씩 선택하여 다운받는 번거로움을 줄일 수 있습니다.

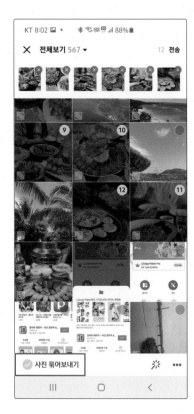 

**9.** 카톡으로 받은 사진을 저장하려면 여러 장의 사진 중 한 장을 선택합니다. 하단에서 다운로드를 누르면 전체 사진을 저장할지, 선택한 사진만 저장할지를 정할 수 있습니다.

저장 방법 선택

## 4 그룹채팅방(단톡방) 만들기

**1.** 여러 사람과 채팅방을 만들어 대화할 수 있습니다. 채팅 항목에서 상단 [새로운 채팅]을 누릅니다.

**2.** 새로운 채팅 방을 선택할 수 있습니다. 오픈 채팅은 관심있는 주제를 가지고 간편하게 대화하는 채팅방으로 친구추가 없이 채팅할 수 있습니다. 이 책에서는 [일반채팅]을 선택합니다.

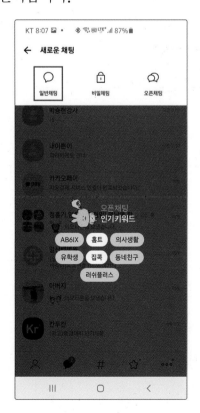

**3.** 대화상대를 초대합니다. 가족들을 초대하여 '가족방'을 만들어 보겠습니다. 특정 단어로 검색하여 초대할 사람들을 추가한 후 [확인]을 누릅니다. 그런 다음 나타난 화면에서 [그룹채팅방 정보 설정하기]를 누릅니다.

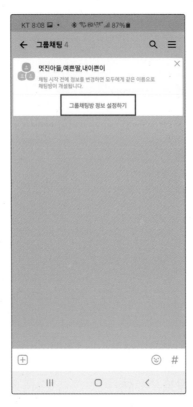

**4.** 채팅방의 이름을 변경하고 채팅을 시작합니다.

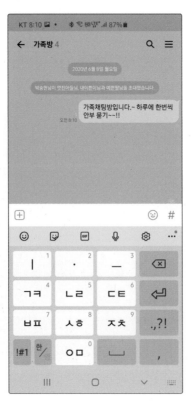

## 5 카톡으로 선물하기

**1.** 생일 등 특별한 날에 카톡을 이용해 선물을 보낼 수 있습니다. 메시지 창 앞쪽의 ⊞ 표시를 누른 후 [선물하기]를 선택합니다.

**2.** 상황에 따라 추천하는 선물 목록을 제공합니다. 브랜드에서 아이스크림을 선택해 보겠습니다.

**3.** 보낼 상품을 선택하고 수량, 금액을 확인합니다. [선물하기]를 누릅니다.

**4.** 친구 선택에서 받을 사람을 선택합니다. 이때 카드에 간단한 메시지를 적어 보낼 수 있습니다.

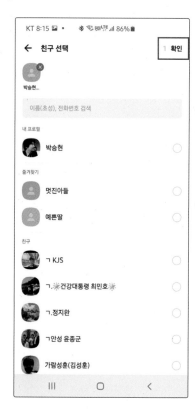 

**5.** 결제 수단은 신용카드, 휴대폰 등 다양한 방법이 있습니다. 카카오페이에 카드를 등록해 놓으면 잔액이 부족할 경우 자동으로 카드에서 충전하여 쉽게 결제할 수 있습니다. [결제하기]를 누릅니다.

**6.** 메시지 창에서 선물이 전송된 것을 확인할 수 있습니다.

 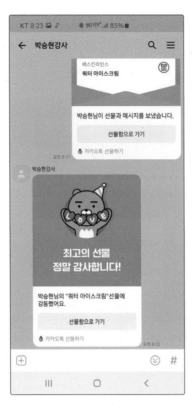

**tip**

**갤러리에서 카톡으로 사진 보내기**

갤러리에서 촬영한 사진을 카톡으로 보내려면 사진 하단에서 [공유]를 누릅니다. 그러면 공유할 수 있는 앱이 표시됩니다. 카카오톡을 선택한 후 친구, 채팅방을 선택하여 보낼 수 있습니다.

## 6 카카오페이 충전하기

**1.** 카카오페이를 충전해 놓으면 카톡에서 선물하기, 점심값 송금 등 다양한 기능을 활용할 수 있습니다. 하단에서 [더보기]를 누른 후 카카오페이를 누릅니다.

더 보기

**tip** 간편한 송금하기 토스 앱

토스를 이용해 쉽고 편하게 송금할 수 있습니다. 계좌번호를 몰라도 연락처만 있어도 송금이 가능합니다. 연락처 송금과 토스머니 충전하기는 무료이며, 계좌 송금은 월 10회 무료, 11회 째부터 건당 500원의 수수료가 부과됩니다. 자신의 모든 계좌, 카드, 신용 점수 등 금융 현황을 한 번에 조회 가능하며, 다양한 금융 상품 개설까지 가능합니다.

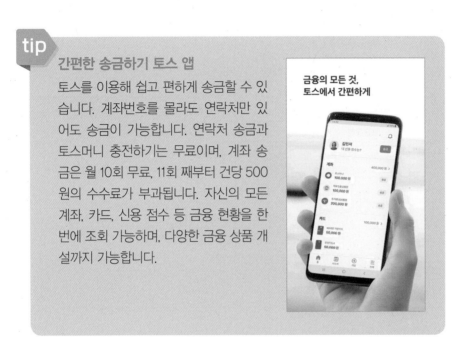

**2.** 카카오페이 충전을 위해 [더보기 – 연결계좌 관리]를 누릅니다.

더 보기

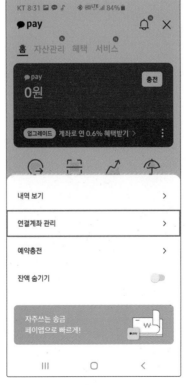

**주의** 여기서는 이미 카카오페이가 설치된 상태에서 추가 계좌를 만드는 것으로 합니다. 따라서 만들어지지 않은 경우에는 화면에서 유도하는 대로 따라하면서 먼저 카카오페이 설정부터 해야 합니다.

**3.** '+ 계좌 추가하기'를 선택합니다. 은행과 계좌번호를 입력하면 본인 계좌 확인을 위해 카카오페이 1원이 입금됩니다.

추가한 은행의 계좌로 접속하여 입금자명을 확인한 후 입금자명을 입력합니다.

**4.** 자동이체 출금 동의를 위해 [ARS 인증전화요청]을 누릅니다. 수신되는 전화에 인증번호 2자릿수를 입력합니다.

서비스이용약관에 동의한 후 [확인]을 누릅니다.

**5.** 새로운 연결계좌가 등록된 것을 확인할 수 있습니다. 카카오페이를 충전하려면 [충전]을 눌러 금액을 선택합니다. 그러면 계좌에서 카카오페이로 금액이 충전된 것을 확인할 수 있습니다.

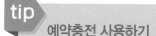

**예약충전 사용하기**

카카오페이가 일정 금액 미만일 경우이거나 또는 원하는 날짜에 금액을 충전할 수 있습니다.

# 혼자 풀어보기

**①** 카카오톡의 프로필에서 배경사진을 변경해 보세요.

 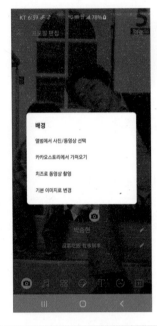 

**HINT** 프로필 편집 ➜ 배경화면 길게 누름 ➜ 앨범에서 사진/동영상 선택 ➜ 사진 선택 ➜ 확인

**②** 카카오톡에서는 대화하기 외에도 통화를 할 수 있는 기능을 제공합니다. 대화상대를 검색하여 보이스톡을 해 보세요.

**HINT** 친구 선택 ➜ 통화하기 ➜ 보이스톡

**③** 직장 동료 또는 동호회의 단톡방(그룹채팅방)을 만들어 사진을 올려보세요.

**HINT** 채팅방 추가 ➜ 일반 채팅 ➜ 대화상대 초대 ➜ 채팅방 이름 변경

**④** 카카오톡에서는 친구들의 생일을 표시합니다. 친구에게 케이크를 선물해 보세요.

**HINT** 연락처에서 생일인 친구 확인 ➜ 선물하기 ➜ 선물 선택 ➜ 카드 작성 ➜ 결제 ➜ 보내기

# 네이버 밴드 활용하기

밴드는 친구, 가족, 동료 등 함께하고 싶은 사람들과 공간을 만들 수 있는 서비스입니다. 게시판, 앨범을 기본으로 제공하며, 모임에 필요한 투표, 일정 공유도 할 수 있습니다. 밴드를 개설하고 맴버를 초대하여 정보를 공유하는 방법에 대해 알아봅니다.

## 1 밴드 가입하고 개설하기

**1.** 밴드 앱을 검색하여 설치합니다. 회원가입을 위해 [휴대번호 또는 이메일로 가입]을 선택합니다.

**2.** 휴대폰 번호, 비밀번호, 생년월일 등을 입력하고 이용약관에 동의합니다.

**tip** 여가 시간을 다른 사람들과 함께 프립(Frip)

프립은 다양한 액티비티와 취미 활동, 모임 등을 제공하는 앱입니다. 전문가와 함께하는 야간 산행, 수제 맥주 만들기, 건강 코칭, 당일치기 여행 등 어디서 어떻게 해야 할지 몰랐던 취미활동과 모임에 참가할 수 있습니다.

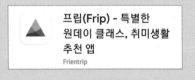

프립(Frip) - 특별한 원데이 클래스, 취미생활 추천 앱
Frientrip

**3.** 회원가입이 완료되면 [밴드 만들기]를 눌러 새로운 밴드를 만듭니다.

**4.** 만들고 싶은 모임의 종류를 선택합니다. [취미, 동호회]를 선택해 보겠습니다.

**5.** 개설할 밴드의 이름을 입력합니다.

**6.** 밴드의 커버 사진을 추가하기 위해 [사진 추가 - 기본 커버 선택]을 누릅니다.

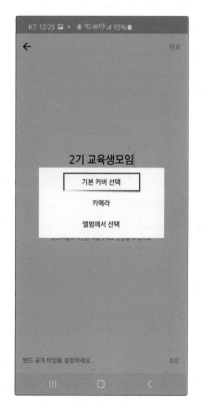

**7.** 기본 커버 선택에서 제공하는 프로필 사진 중 한 가지를 선택합니다.

**8.** 모임의 프로필 사진이 등록되었습니다. 밴드 공개 타입을 설정하기 위해 [설정]을 누릅니다.

**9.** 밴드 타입을 설정합니다. 일반적으로는 멤버 가입 시 리더의 승인이 필요한 [밴드명 공개 밴드]를 주로 사용합니다.

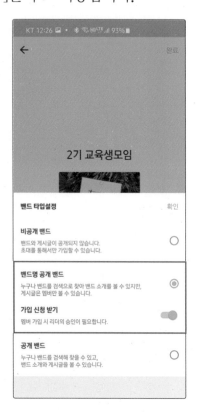

**10.** 밴드 개설이 완료되었습니다. 상단에서 [완료]를 누릅니다.

## 2 멤버 초대하기

**1.** 함께 할 멤버를 초대합니다. 카카오톡 친구들을 초대해 보겠습니다. [초대]를 누릅니다.

**2.** [카카오톡]을 선택합니다.

**3.** 이름을 검색하여 초대할 친구를 선택합니다.

**4.** 전송방법을 선택합니다.

검색 후 선택

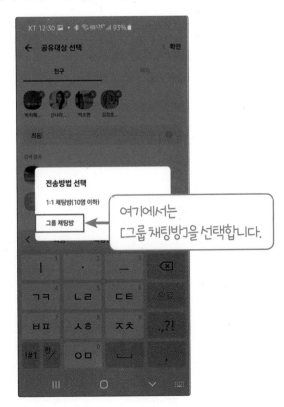

여기에서는 [그룹 채팅방]을 선택합니다.

**5.** 초대된 사람들에게 발송된 밴드 초대장의 링크를 클릭하면 밴드로 바로 이동할 수 있습니다.

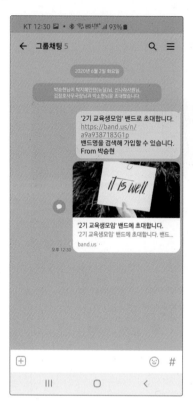 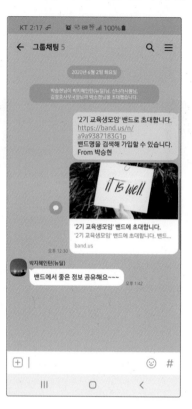

## ③ 밴드에 글쓰기

**1.** [글쓰기]를 선택한 후 게시판을 내용을 작성합니다. 사진도 함께 올리려면 [사진/동영상]을 선택합니다.

> **tip**
>
> **카페와 밴드의 차이점**
>
> 친구, 가족, 직장, 동창, 모임, 동료들의 모임을 만들어 커뮤니티를 제공하는 것은 비슷합니다. 카페(네이버, 다음)와 밴드의 가장 큰 차이점은 밴드는 카페에 비해 폐쇄적이라 할 수 있습니다. 개설자나 참가자가 초대를 해야 가입이 가능합니다. 또한 밴드는 소규모 동호회 성격으로 친목도모 위주라면 카페는 다양한 사람들이 정보를 교환하는 공간입니다.

**2.** 사진이 저장된 위치로 이동하여 첨부할 사진을 선택합니다. 별도의 앨범을 만들어 사진을 올릴 수도 있습니다. [그냥 올리기]를 선택합니다.

**3.** 작성한 게시 글 하단으로 사진이 첨부된 것을 확인할 수 있습니다. [완료]를 누릅니다.

**4.** 멤버들과 일정을 공유할 수 있습니다. 하단에서 [일정]을 누릅니다.

**5.** 모임제목, 내용 시간 등을 입력하고 [완료]를 누릅니다.

이곳에서는 참석여부 확인요청을 할 수 있는 기능을 제공하고 있습니다.

**6.** 일정이 공유되었습니다. 게시글 중 특별한 댓글이 필요 없을 경우 표정짓기를 이용해 게시글 확인 여부를 알려주는 것이 좋습니다.

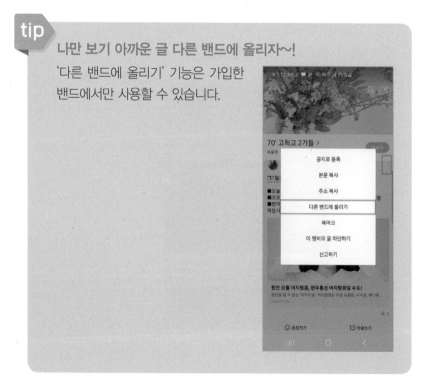

**tip** 나만 보기 아까운 글 다른 밴드에 올리자~!
'다른 밴드에 올리기' 기능은 가입한 밴드에서만 사용할 수 있습니다.

혼자 풀어보기

① 가족, 친구, 동창, 동호회 등 관심 있는 주제로 밴드를 새롭게 개설해 보세요.

**HINT** 밴드 만들기 ➔ 모임 유형 선택 ➔ 밴드 이름 ➔ 공개 여부 선택 ➔ 완료

② 새롭게 개설한 밴드에 문자 또는 카카오톡으로 친구를 초대하고 인사글을 올려 보세요.

**HINT** 초대 ➔ 카카오톡 선택 ➔ 친구 검색 ➔ 초대장 발송 확인

Section 06 네이버 밴드 활용하기 **95**

# 대중교통 이용하기

매일 이용하는 대중교통을 쉽게 이용하는 방법에 대해 알아봅니다. 버스 도착시간, 지하철 환승역과 도착알림 설정 방법, 택시를 호출하는 방법, 기차표를 예매하는 방법에 대해 알아 봅니다.

## 1 카카오버스로 도착 시간, 노선 확인하기

**1.** '카카오버스'를 검색하여 설치한 후 앱을 실행합니다. 카카오버스는 전국 89개 지역의 버스 실시간 도착 정보를 제공하고 있습니다.

**2.** 상단에서 자주 타는 버스를 검색하여 즐겨 찾기 해 보겠습니다.

**tip**

또다른 대중교통 정보 제공 앱들

| | |
|---|---|
| 📍 **T map 대중교통 - 버스, 지하철, 길찾기를 하나의 앱으로**<br>SKTelecom | 🚌 **전국 스마트 버스**<br>TeamDoppelGanger<br>광고 포함 |

**3.** 버스 번호를 입력하고, 검색된 버스를 선택합니다.

**4.** 즐겨찾기를 누릅니다. 가장 가까운 버스정류장에 버스 도착 예정 시간을 알고 싶다면 [내주변 정류장]을 누릅니다.

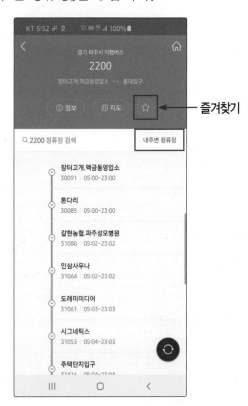

즐겨찾기

**5.** 선택된 주변 정류장을 클릭합니다. 그러면 정류장에 도착하는 버스 정보를 알 수 있습니다.

**6.** 버스 정류장도 즐겨찾기해 놓으면 정류장 기준으로 버스를 탐색할 수 있습니다. 즐겨찾기한 정류장에서 [+버스]를 누릅니다.

**7.** 이용하는 버스만 [+]를 눌러 추가합니다.

**8.** 이후부터는 즐겨찾기한 정류장에 버스 도착 예정 시간과 빈 좌석수를 확인할 수 있습니다.

## 2  집까지 한 번에 가는 버스가 궁금하다면

지도에서 길 찾기를 하지 않아도, 집 앞 정류장까지 한 번에 가는 버스를 알려줍니다. 따라서 처음 방문하는 곳에 있더라도 당황하는 일을 줄일 수 있습니다.

**1.** 상단 메뉴에서 [주변 정류장]을 왼쪽 옆으로 밀어줍니다.

**2.** '집으로 한번에'를 눌러 집 앞 정류장을 설정하기로 합니다. [정류장 검색하기]를 누릅니다.

**3.** 검색할 정류장을 입력합니다. 정류장의 방면을 확인하고 선택합니다.

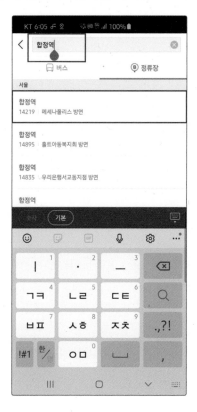

**4.** 즐겨찾기를 누릅니다.

**5.** 현위치부터 '집앞 정류장'까지 환승없이 이용할 수 있는 버스정보를 제공합니다.

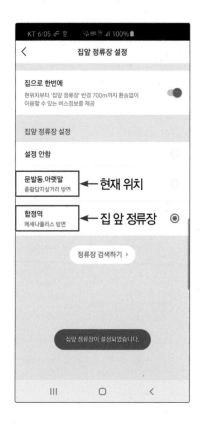

**6.** 이후부터는 [집으로 한번에]를 누르면 현재 위치에서 가장 빠른 교통편을 확인할 수 있습니다.

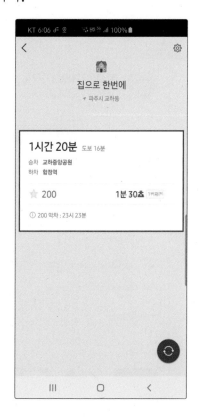

스케줄 알림을 이용하면 자주 이용하는 버스의 도착알림을 요일별, 시간별로 설정할 수 있습니다. 바쁜 출근시간에 도착정보를 미리 알려주기 때문에 편리합니다.

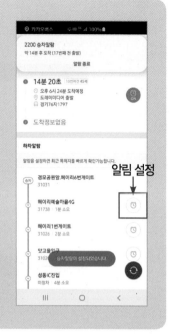

## 3 카카오지하철로 환승역, 도착알림 사용하기

1. 카카오지하철은 현재 시각을 기준으로 도착역까지 가장 빨리 갈 수 있는 경로를 안내합니다. '도착시간 공유'를 이용하면 도착 시각도 쉽게 공유할 수 있습니다. 플레이 스토어에서 '카카오지하철'을 검색하고, 앱을 설치합니다.

2. 지하철 노선도에서 출발역을 선택하거나, 상단에서 역명으로 검색할 수 있습니다. [출발]을 누릅니다.

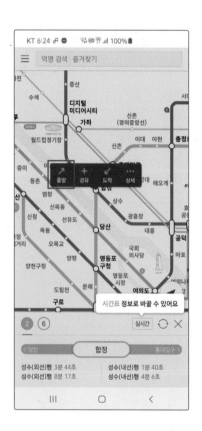

**3.** 도착역을 선택합니다.

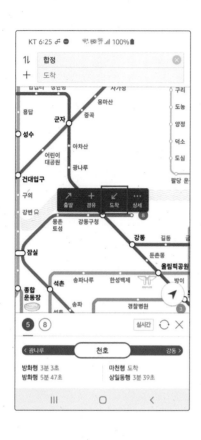

**4.** 실시간으로 출발역에서 도착역까지의 소요 시간, 환승역이 표시됩니다.

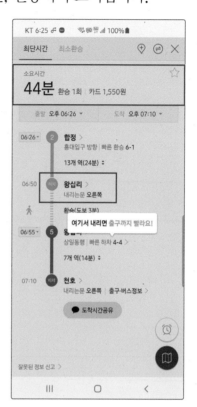

**5.** 카카오톡 친구와 도착 시간을 공유할 수 있습니다. [도착시간공유하기]를 누릅니다.

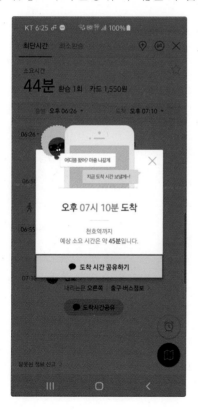

**6.** 공유대상 선택에서 친구 또는 채팅방 중에서 선택합니다.

**7.** 공유한 친구에게 도착예정 시간을 알려줍니다.

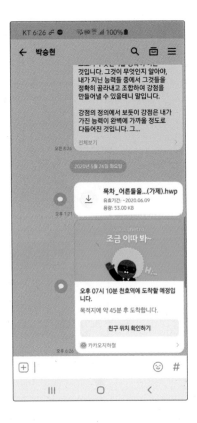

# 4 카카오T로 택시 호출하기

**1.** 플레이 스토어에서 '카카오T'를 검색한 후 앱을 설치합니다.

**2.** 카카오T 서비스를 이용하기 위해서는 위치, 전화 등의 권한을 허용해야 합니다. [확인]을 누릅니다.

> 카카오T는 택시는 물론 대리운전, 주차, 카풀, 바이크 등 이동 관련 수단을 한 번에 호출할 수 있는 앱입니다.

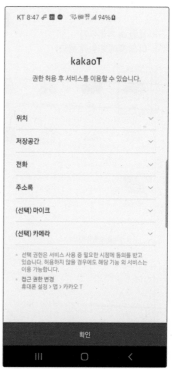

**3.** [카카오계정으로 시작하기]를 누릅니다.

**4.** 서비스를 이용하기 위해서는 연락 받을 수 있는 휴대폰 번호 인증이 필요합니다. [다음]을 누릅니다.

**5.** 본인 인증이 완료되면 카카오T 서비스를 이용할 수 있습니다. 택시를 호출하기 위해 [택시]를 누릅니다.

**6.** 지도에서 출발할 곳을 선택합니다. 지도를 움직여 출발 장소를 지정합니다.

**7.** 도착 장소를 검색하여 선택합니다.

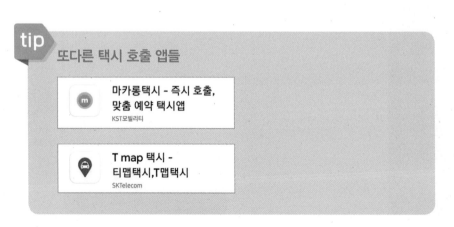

**tip** 또다른 택시 호출 앱들

- 마카롱택시 – 즉시 호출, 맞춤 예약 택시앱
  KST모빌리티

- T map 택시 –
  티맵택시,T맵택시
  SKTelecom

**8.** 도착 예상 시간과 금액을 확인할 수 있습니다. 스마트 호출과 일반호출 중 선택할 수 있습니다. [호출하기]를 누릅니다.

**tip**

현 위치에서 대리운전을 호출할 수 있으며, 카드를 등록하면 결제도 즉시 할 수 있습니다.

1. 도착 장소를 검색하면, 추천 요금이 표시됩니다. 첫 이용 시 [차량 등록 후 대리 호출]을 누릅니다.

2. 소유 차량 정보를 입력합니다.

3. 신용/체크카드를 등록합니다. 최초 1회 등록 후 서비스 이용 시 자동으로 결제됩니다.

**1.** 코레일톡은 열차 승차권을 예매할 수 있는 앱입니다. 플레이 스토어에서 '코레일톡'을 검색하여 앱을 설치합니다.

**2.** 접근권한 설정안내 대화상자가 표시됩니다. 편리한 앱 사용을 위해 접근 권한을 허용하는 것이 좋습니다. [네]를 누릅니다.

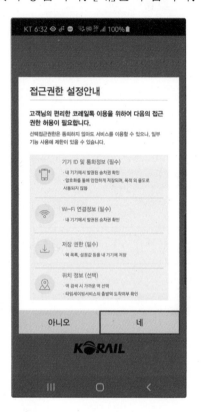

**3.** 첫 화면에서 출발역과 도착역, 출발일, 승객 연령 및 좌석수 등을 선택합니다. [열차 조회하기]를 누릅니다.

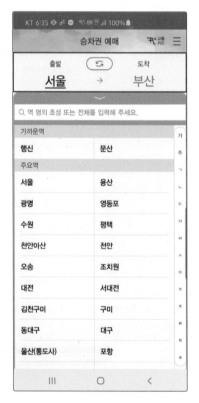

**4.** 열차 출발 시각을 선택하면 운임요금, 좌석을 선택할 수 있습니다. 좌석 선택과 운임 요금을 확인한 후 [예매]를 누릅니다.

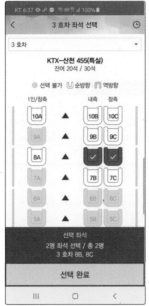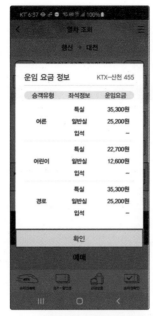

**5.** 승차권 정보를 확인합니다. 20분 이내에 결제를 완료하여야 승차권 구매가 완료됩니다. [결제하기]를 누릅니다. 승차권 환불(반환) 관련 안내를 확인하고 [네]를 선택합니다.

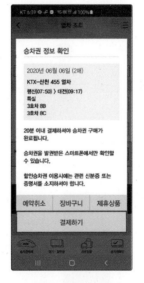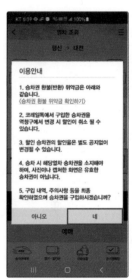

**6.** 결제금액, 할인쿠폰 등 적용될 사항을 확인하고, [결제/발권]을 누릅니다.

# 혼자 풀어보기

**①** 현재 위치에서 가장 가까운 버스 정류장을 검색하고, 집까지 한 번에 가는 버스 노선을 검색해 보세요.

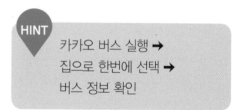

HINT
카카오 버스 실행 ➡
집으로 한번에 선택 ➡
버스 정보 확인

**②** 네이버 지도에서도 길찾기 서비스를 제공합니다. 네이버 지도 앱을 설치한 후 길찾기를 이용해 현재 위치에서 가장 가까운 지하철 역까지 교통편을 검색해 보세요.

HINT
네이버 지도 앱 설치 ➡ 길 찾기 ➡ 출발 위치, 도착 위치 입력 ➡ 검색 ➡ 교통수단별 소요시간 확인

**③** 지하철 종결자 앱은 다양한 지하철 관련 정보를 제공합니다. 앱을 설치한 후 김포공항역에서 시청역까지의 소요시간을 검색해 보세요.

**HINT** 지하철 종결자 앱 설치 ➜ 노선도 출발역, 도착역 선택 ➜ 최소 시간, 환승 선택 ➜ 결과 확인

**④** 티맵택시 앱은 T map의 교통정보가 반영된 예상도착시간과 예상요금을 확인할 수 있습니다. 티맵택시를 설치한 후 집(또는 약속장소)까지의 도착시간과 예상요금을 검색해 보세요.

**HINT** 티맵 택시 앱 설치 ➜ 출발 위치, 도착 위치 입력 ➜ 결과 확인

# 생활을 편하게 하는 앱 활용하기

스·마·트·폰·활·용

스마트폰만 있으면 생활을 편하게 할 수 있는 다양한 앱이 많습니다. 무거운 제품을 다음 날 아침 문 앞까지 배달해 주는 앱부터, 세탁물을 수거 배달해 주는 서비스, 맛집에 줄 서지 않더라도 집으로 배달할 수 있는 앱, 도우미를 호출하는 앱을 이용해 봅니다.

## 1 쿠팡에서 무거운 생수, 쌀 문 앞으로 배달하기

**1.** 플레이 스토어에서 '쿠팡'을 검색한 후 앱을 설치합니다. 첫 화면에서 필요한 물건을 검색합니다.

**2.** 생수 2리터를 검색해 보겠습니다. 가격, 수량 등을 확인하고 제품을 클릭합니다.

> 쿠팡은 온라인 쇼핑몰 중 하나로 로켓배송을 이용하여 다음 날 바로 물건을 받아 볼 수 있다는 장점이 있습니다.

**tip** 국내 유명 쇼핑몰들

| G | 쇼핑을 바꾸는 쇼핑. G마켓 G마켓 | 11> | 11번가 11번가(주) | A. | 모바일 쇼핑은 옥션 eBay Auction |

**3.** 상품 선택이 완료되면 하단에서 [구매하기 – 장바구니 담기]를 누릅니다.

하나만 바로 구매하려면 [구매하기]를 누르면 됩니다.

**4.** 쌀도 함께 주문해 보겠습니다. 검색창에 '쌀 10kg'을 검색합니다. 제품을 확인하고 [구매하기 – 바로구매]를 누릅니다.

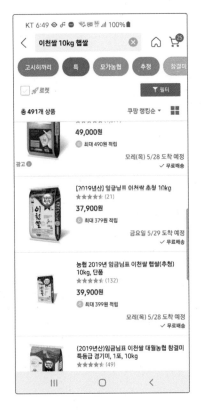 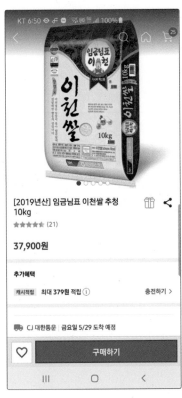

**5.** 장바구니로 들어가면 선택한 제품이 들어 있는 것을 확인할 수 있습니다. 쿠팡에서는 판매자가 배송하는 상품과 쿠팡에서 직접 배송하는 로켓배송 상품으로 분류됩니다. [구매하기]를 누릅니다.

> **tip**
>
> **중고 직거래 벼룩장터 – 당근마켓**
> 당근마켓은 우리 집 근처의 사람들과 중고 물건을 사고 팔 수 있는 중고마켓입니다. 집 근처 동네 이웃과 하는 직거래이기에 안전합니다.
>
> 🥕 **당근마켓 - 우리 동네 중고 직거래 벼룩장터**
> Danggeun Market Inc.

**6.** 배송지와 배송 요청사항을 확인합니다. 공동현관에 출입번호가 있을 경우 배송 요청사항에 입력해 놓습니다.

**7.** 결제 수단을 확인합니다. 최종결제금액을 확인하고 [결제하기]를 누릅니다. 휴대폰 결제일 경우 승인번호를 입력합니다.

**8.** 주문한 상품은 배송조회를 통해 확인할 수 있습니다. 멤버십 가입을 통해 무료배송 등 다양한 서비스 혜택을 받을 수도 있습니다.

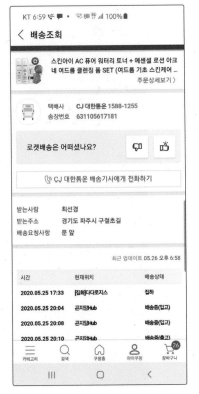

**1.** 세탁물을 모바일로 수거 배달하는 세탁 서비스를 제공하는 리화이트를 이용해 보겠습니다. 플레이 스토어에서 '리화이트'를 검색한 후 앱을 설치합니다.

**2.** 회원가입을 진행합니다. 이곳에서는 회원가입하지 않고 카카오톡 등 SNS를 이용하는 사람에게 간편하게 로그인할 수 있도록 하고 있습니다.

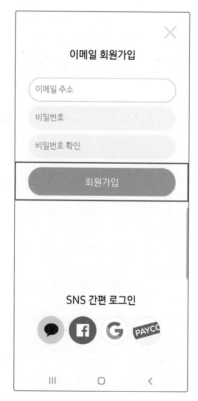

**3.** 서비스 이용약관, 사용자이름, 전화번호, 이메일 등 회원가입에 필요한 정보를 입력합니다.

**4.** 수거배달 예약 서비스를 이용하기 위해서는 배송지 주소를 등록해야 합니다.

**5.** 배송지 주소와 가장 근접한 세탁소 목록이 표시됩니다. 세탁소를 선택한 후 [수거배달 예약]을 선택합니다. 미리 요금표를 확인합니다.

**6.** 서비스 이용안내를 확인하고 수거일과 배송일을 등록한 후 [주문 신청하기]를 누릅니다.

**7.** 리화이트에서는 편의점과 연계하여 세탁물을 접수하는 서비스도 제공하고 있습니다. 가장 가까운 GS25를 통해 세탁물을 맡기고 찾을 수 있습니다.

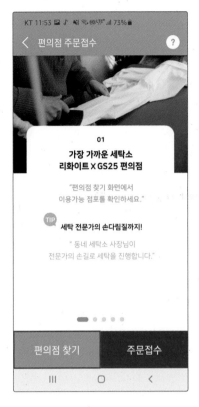 

 **3** **배달 음식 주문하기**

**1.** 배달의 민족 앱을 이용해 음식을 주문해 보겠습니다. 플레이 스토어에서 '배달의 민족'을 검색한 후 앱을 설치합니다. 현재 위치를 기반으로 주문할 수 있는 음식점을 표시해 줍니다. 치킨을 주문해 보겠습니다.

tip

**또다른 배달 음식 앱들**

배달요기요
DeliveryHero Korea

배달통 - 간편하게
시켜먹자!
DeliveryHero Korea

쿠팡이츠 - 맛있는
음식을 빠르고 편하게
쿠팡

**2.** 주문할 치킨을 선택한 후 장바구니에 담습니다.

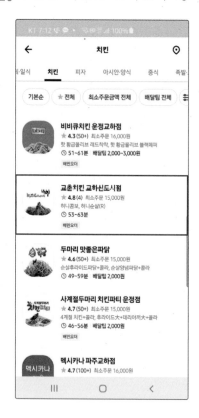

**3.** 치킨 배달 방법을 선택할 수 있습니다. [배달 주문하기]를 선택합니다.

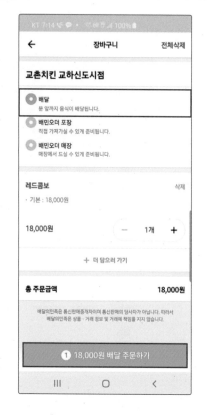

tip
주문 시 배달 요금을 꼭 확인하세요.

**4.** 배달정보를 확인하고 [결제하기]를 누릅니다. 휴대폰 소액결제를 이용할 경우 승인번호를 입력하여 결제를 완료합니다.

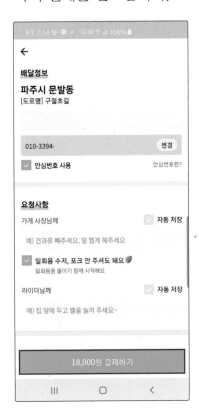

**tip**

하단 [뭐먹지]에서 다양한 요리 비법, 맛집 소개 등의 정보를 확인할 수 있습니다.

**1.** 가사도우미부터 이사, 인테리어 등 다양한 생활에 필요한 서비스를 제공받을 수 있습니다. 플레이 스토어에서 '미소'를 검색한 후 앱을 설치합니다. [시작하기]를 누릅니다.

**2.** 처음 서비스를 예약하기 위해서는 휴대폰 인증 절차를 거쳐야 합니다. [예약하기]를 눌러 가사도우미를 신청해 보겠습니다.

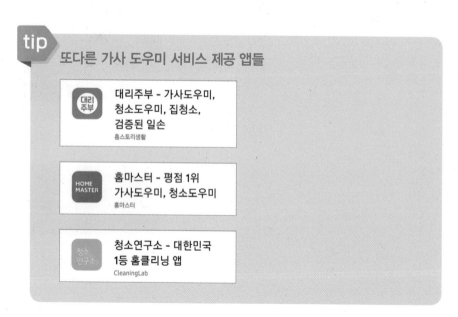

tip 또다른 가사 도우미 서비스 제공 앱들

대리주부 - 가사도우미, 청소도우미, 집청소, 검증된 일손
홈스토리생활

홈마스터 - 평점 1위 가사도우미, 청소도우미
홈마스터

청소연구소 - 대한민국 1등 홈클리닝 앱
CleaningLab

**3.** 가사도우미의 서비스 범위, 서비스 요금 등을 확인합니다. 지역별로 가격이 다를 수 있으므로 지역을 검색합니다.

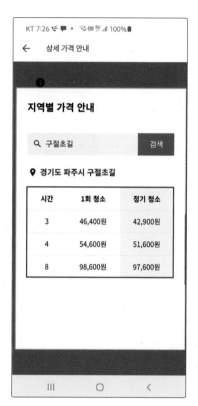

**4.** 주소를 등록하고 [날짜 선택하기]를 누릅니다.

**5.** 날짜, 서비스 시간, 횟수 등을 선택합니다.

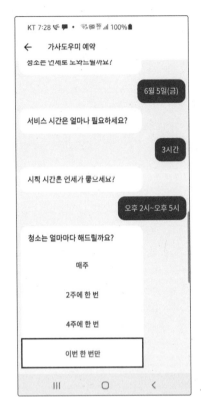
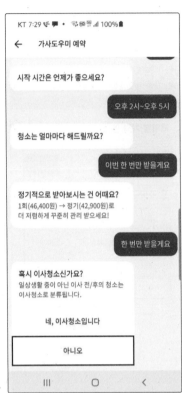

**6.** 이사청소여부, 반려동물 등을 확인한 후 [예약 완료하기]를 누르면 결제 화면으로 이동합니다. 처음 이용 시는 결제 카드를 등록해 주어야 합니다.

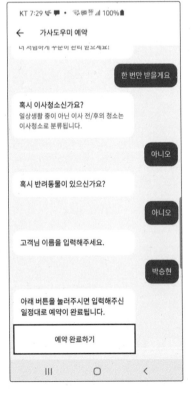
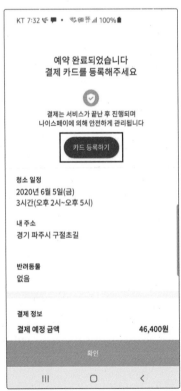

**7.** 결제가 완료되면 예약된 서비스를 확인할 수 있습니다.

**8.** 예약을 취소할 경우 전날 18:00 이후 서비스 요금의 30%가 부과됩니다.

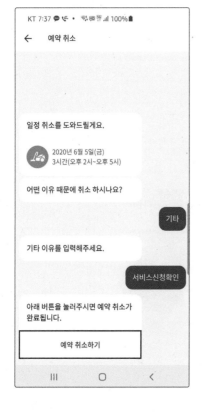
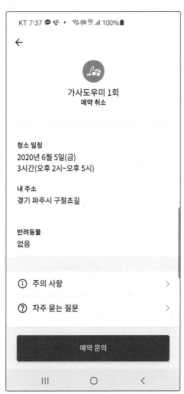

# 혼자 풀어보기

**①** 할인점 이마트에서도 모바일 이마트몰을 통해 다양한 상품을 판매하고 있습니다. 앱을 설치한 후 행사 전단광고를 검색해 보세요.

**HINT** 이마트몰 앱 설치 ➜ 상단 메뉴에서 전단광고 확인

**②** 리화이트는 세탁물을 수거 배송해 주는 서비스를 제공합니다. 플레이 스토어에서 유사한 서비스를 제공하는 앱을 검색해 보고, 현재 거주하는 지역에 서비스 여부를 확인해 보세요.

**HINT** 런드리고 앱 설치 ➜ 배송지 검색 ➜ 서비스 여부 확인

**③** 배달 앱 요기요에서도 다양한 음식을 배달할 수 있습니다. 요기요를 설치한 후 현재 위치에서 배달 가능한 음식점을 검색해 보세요.

**HINT** 요기요 앱 설치 → 메뉴 선택 → 배달 주소 설정

**④** 미소는 집안 힘든 일을 도와주는 가사도우미를 연결해 주는 서비스를 제공합니다. 욕실 청소 시 서비스 가격은 얼마인지 검색해 보세요.

  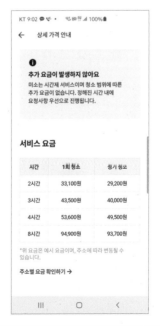

**HINT** 미소 앱 설치 → 상세 가격 안내 → 서비스 범위 → 욕실 → 서비스 요금 확인

# 외국어 공부하기

스마트폰만 있으면 이제 외국여행도 두렵지 않습니다. AI 번역기를 이용한 실시간 번역과 어학공부를 즐겁게 할 수 있는 앱을 이용해 봅니다.

## 1 파파고로 번역하기

**1.** 파파고는 AI 기반의 통번역기로 여행, 출장, 어학공부 등 번역이 필요할 때 사용할 수 있는 유용한 서비스입니다. 플레이 스토어에서 '파파고'를 검색한 후 앱을 설치합니다.

**2.** 화면 상단에서 번역할 언어를 선택하고 번역할 내용을 입력합니다.

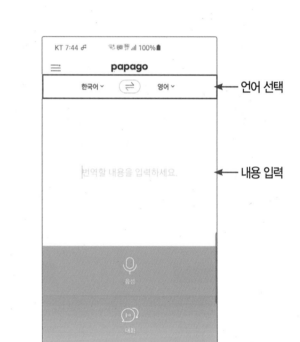

← 언어 선택

← 내용 입력

**tip** 구글 번역

100여 개 이상의 언어를 텍스트, 사진, 대화, 필기 입력 등 다양한 방법으로 번역합니다.

**3.** 입력한 내용에 대한 번역이 표시됩니다. 스피커 모양을 누르면 원어민의 발음을 들을 수 있습니다.

언어 변경

원어민 발음

**4.** 마이크 아이콘을 눌러 음성으로 입력된 내용을 번역하여 보여줍니다.

**5.** 사진으로 촬영한 내용도 번역해서 보여줍니다. 사용설명서 성분 부분을 촬영한 후 번역할 부분의 텍스트를 손가락으로 문지르면 번역 내용을 확인할 수 있습니다.

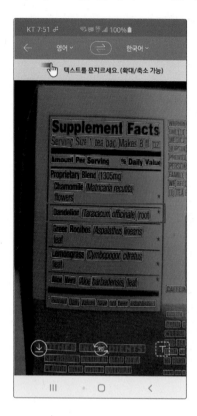 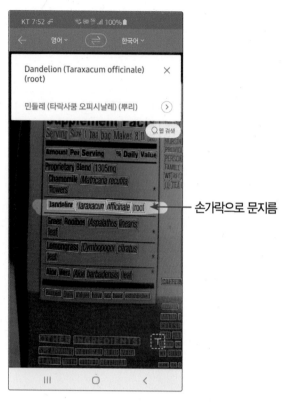

손가락으로 문지름

**6.** 왼쪽 상단의 메뉴를 누르면 다양한 서비스를 이용할 수 있습니다.

 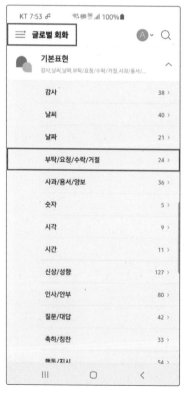 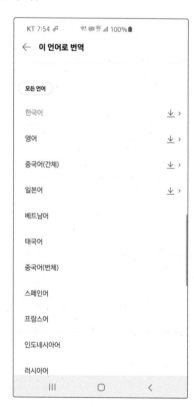

## 2 캐치잇으로 생활영어 게임으로 즐기기

**1.** 매일 게임을 하듯 미션을 달성하면서 영어 공부를 하는 서비스입니다. 플레이 스토어에서 '캐치잇'을 검색한 후 앱을 설치합니다.

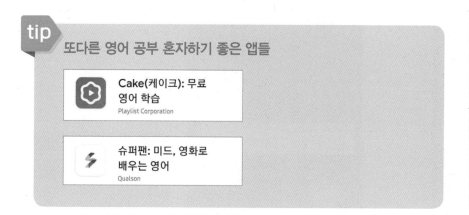

**tip**

또다른 영어 공부 혼자하기 좋은 앱들

Cake(케이크): 무료
영어 학습
Playlist Corporation

슈퍼팬: 미드, 영화로
배우는 영어
Qualson

**2.** 카카오톡으로 간편 로그인을 선택하고, 카카오 개인정보 제공에 동의합니다.

**3.** 계정을 생성합니다. 닉네임 사용여부를 확인하고 개인정보 수집 관련 사항에 동의 후 [확인]을 누릅니다.

**4.** 캐치잇 사용 설명을 캐릭터가 진행합니다. [다음]을 눌러 진행합니다. 선택한 목표에 따라 학습내용이 달라집니다.

**5.** 교실을 눌러 연습문제를 풀어봅니다. 단어 뜻, 문장 말하기 등 다양한 상황에 따른 예제와 연습을 제공합니다.

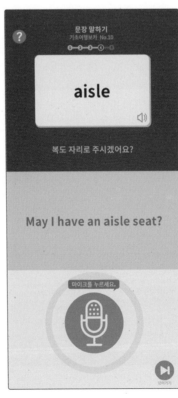

# 혼자 풀어보기

## 1 파파고의 웹 사이트 번역을 이용하여 CNN 사이트 내용을 실시간으로 번역해 보세요.

**HINT** 파파고 실행 ➔ 메뉴 ➔ 웹 사이트 번역 ➔ 영어 추천 사이트 ➔ CNN 선택

## 2 '일본어 공부' 앱은 일본어 구문과 어휘를 빠르고 쉽고 효과적으로 공부할 수 있도록 제작된 일본어 회화집 앱입니다. 플레이 스토어에서 앱을 설치 후 일본어에 도전해 보세요.

**HINT** 일본어 공부 앱 설치 ➔ 상황 선택 ➔ 대화 내용 선택 ➔ 듣기

**박승현**

중앙부처 교육원, 기업체, 대학교 등에서 스마트워크를 위한 IT활용, 프레젠테이션, 보고서 기획, 작성을 주제로 강의. 저서로 어른들을 위한 젊어지는 컴퓨터(성안당), 컴퓨터길라잡이(정보문화사)가 있다.

현) (사)서울고용포럼 운영위원장
전) (주)보우넷 교육컨설팅 대표이사
    중앙공무원교육원 정보화교육센터 강사
    LG-IBM 교육센터 강사

# Start! 첫걸음
# 스마트폰 기초 단계별 정복하기

2020년 8월 10일  초판 인쇄
2020년 8월 20일  초판 발행

| | |
|---|---|
| **펴낸이** | 김정철 |
| **펴낸곳** | 아티오 |
| **지은이** | 박승현 |
| **표지 디자인** | 박효은 |
| **편집 디자인** | 이효정 |
| **전  화** | 031-983-4092 |
| **팩  스** | 031-983-4093 |
| **등  록** | 2013년 2월 22일 |
| **정  가** | 10,000원 |
| **홈페이지** | http://www.atio.co.kr |
| **주  소** | 서울시 강서구 공항대로 213 (보타닉파크타워2, 마곡동) 1115호 |